オールドメディアへの遺言

辛坊治郎

PHP

まえがき

皆さん、長年お世話になりました。

これが私にとって最後の時事問題の解説書籍になるかもしれません。

私、過去に何回か完全引退を目論んだことがあり、「2021年の太平洋横断は、『65歳の老年入り』を前に人生をリセットするために企画した」側面もあります。ところが当時、ニッポン放送の帯番組をわずか半年前に始めたばかりで、とてもじゃないけど「全部やめる」とは言い出せず、ずるずると一部の仕事を続けてきました。

時事問題を解説するメールマガジン（毎週金曜日発行）も、太平洋横断後は出航前と同様に執筆し、ある程度原稿が溜まると、出版社のプロ編集者が章立てしたものに最新情報を加筆して、1冊の本になるサイクルが続いていました。

しかし、そのサイクル自体が2025年3月末でリセットされます。

メールマガジンを完全にやめるわけではないのですが、毎週書くのは近況だけで、**ぶっちゃけ、時事問題は「気が向いたときだけ」書くことになりそうです**。そうなると定期的に本にまとめるのは不可能になりますから、私のメールマガジンを元にした本はこれが最後になりそうなのです。

「最後だから」というわけじゃないですが、**今回は、ベースのメールマガジンにかなり大胆に加筆しました**。特に長文の「あとがき」などは、私の発言に慣れたメルマガ読者でも驚く展開になっているはずです。

ちなみに、「2025年の春以降どうするか？」ですが、ニッポン放送の帯番組だけ、担当曜日を減らしてもらった上で続けます。ですから今後も毎週、東京のアパートと大阪の自宅を往復することになりそうです。

その大阪の家は、まだ築20年余りと比較的新しいのですが、「あんた（＝私）より20年は長く生きる」が口癖のカミさんの余命を考えると、この辺で住環境を更新しておくべきだろうと考えて、近々、建て替える決断をしました。うちの近隣は、広大なレンコン畑を50年くらい前に鉄道会社が大規模開発した地域で、家も住民もかなり老朽化しています。

そんなわけで、我が家の周辺は今、ちょっとした「建て替えブーム」なのですが、住民の世代交代をせずに家だけ建て替える場合、**なぜか建て替え中に夫が死ぬという**

ケースが多発しています。なんだか、悪いジンクス（そもそもジンクスという言葉は本来悪いことにしか使いません）が、あるみたいです。

建て替えを担当してくれるハウスメーカーとの打ち合わせの席上、「うちの近所、建て替え中に旦那が死ぬケースが多発してるんですよね。俺は大丈夫かしら？」と、ギャグのつもりで口にしたのに担当者からはまったく笑いがとれず、それどころか、笑いかけた若手社員が担当者に睨みつけられていました。

可哀そうなことをしました。

この新居には、家の中に私専用の小さな庵《いおり》（早い話、タダの四畳半の和室です）を作るつもりですから、完成まで生きていたら、その庵から時事問題の解説等をネット配信しようかと考えています。「生きていたら」ですけどね。

そんなわけで、この本が私にとっての最後の「時事問題解説書」になりそうです。この本で力を入れたのは、いわゆる「アベノミクス」の評価です。「評価」といってもあまり肯定的な話にならないのが残念です。

ここ数年の世界の異常な物価高がなぜ起きたのか、そして、トランプさんの暴走が明らかになりつつある今、これから世界はどうなっていくのか?
そんな内外の情勢の中で「普通の人々」はどうやって生き延びたらいいのか?
この本はそれらのテーマに最終的な解答を与えます。

皆さん、「まえがき」をここまで読んだのも何かの縁です。騙されたと思って、そのままレジに向かいましょう。その先にきっといいことが待っているはずです。「まえがき」を読まずにすでに本書を手に入れた皆さん、未来はあなたのためにあります。

２０２５年　２月吉日

辛坊　治郎

オールドメディアへの遺言　目次

第2章　広がる重苦しい感情

第3章　旅を通じて見えてくる現状

第4章　人間は生まれたときから死刑判決を受けている
――あとがきに代えて

この書籍は「まぐまぐ！」（https://www.mag2.com/）より配信された「辛坊治郎メールマガジン」（２０２４年８月〜２０２５年２月）の内容を加筆修正したものです。また、本書の情報は２０２５年２月25日時点の情報に基づいています。

カバー撮影／稲治 毅
ブックデザイン／橋元浩明（sowhat.Inc）

第1章

政治家、官僚、そしてマスコミ

兵庫県知事選をめぐる、あきれた報道

2024年11月17日に再選された斎藤元彦兵庫県知事をめぐる報道を見聞きしていて、心底嫌気が差しました。

例えば読売新聞はこの件に関して11月24日から26日にかけて、「SNSと選挙」と題した三本の連載を一面に掲載したのですが、その見出しが、

「閲覧稼ぎ　ゆがむ論戦」
「正確性より収益重視」
「正義と信じ『敵』攻撃」

などなどです。

もちろんこの連載は、SNSを中心とするネット情報批判記事なのですが、**見出しの「閲覧」を「発行部数」に置き換えると、そっくりそのまま既存メディアの現状を示してしまいます。**

私は長年テレビの現場にいて、ワイドショーなどがどういう方法で視聴率を稼いで

きたのか、それなりに知っています。ただし、これについて現場を批判するのが酷であることも分かっています。

例えばテレビの場合、放送翌日の朝には、担当者にメールなどで前日の視聴率が通知されます。「猫しか見ていなくても視聴率」と言われたように、かつては調査対象世帯に置いてあるテレビが何チャンネルにセットされているかで、視聴率がはじき出されていました。これが新聞などに「視聴率20％超え」等の表現で掲載される伝統的な世帯視聴率です。

しかし「猫だけが見ていても視聴率」で広告料金を請求されるスポンサーはたまったもんじゃありません。そこでスポンサーからの要請で、その後、見ている人が家族の中で誰かを手動で特定する「個人視聴率」の時代に入ります。

今では自動的に視聴者を特定できるシステムが稼働しています。化粧品のＣＭなどをイメージすると分かりやすいですが、テレビを見ている人の性別、年齢などの属性別の視聴率が極めて重要な業界のファクターになっているのです。

大勢の視聴者を集める高視聴率番組が経営的に「優秀な番組」とされるのは当然です。ですから、現場は局の経営陣に尻を叩かれて、毎日視聴率と格闘することになります。

この視聴率、番組を通しての平均値だけでなく、1分ごとの折れ線グラフ付きで担当者に通知されます。前日の視聴率グラフを見て、担当者は次の放送内容を決めるのです。

例えば、現場ではこんな会話が交わされます。

「斎藤知事の『おねだり』、数字取るねえ。コメンテーターのH氏が斎藤氏をボロカスにのしってるあたりが視聴率のピークだねえ。芸能ネタはダメだなあ。今日は全編『斎藤おねだり』で行くぞ！」

こういう風にして番組内容が決まっていきます。

冒頭の新聞連載の見出しをもう一度見てください。「閲覧稼ぎ　ゆがむ論戦」と見出しにありましたが、この「閲覧」を「視聴率」に置き換えて記事を読むと、さまざまなことが浮かび上がってきます。

古いネットスラングの罵倒用語に「必死だな」というのがありますが、今回の知事選で存亡の危機に立たされた既存メディアの必死さが記事の見出しからしみじみ伝わ

2024年11月17日に行われた兵庫県知事選挙で再選を果たし、19日の就任式を終えて退場する斎藤元彦知事。写真：時事

ってきます。

どうあっても既存メディアは選挙結果を受け入れるわけにはいかないのです。

既存メディアで40年間飯を食ってきた私が言うのだから間違いありません。

この「既存メディアの犯罪」については、枚挙にいとまがありません。

近年でも、朝日新聞と検察が組んで仕掛けた「カルロス・ゴーン逮捕」や、同じ朝日新聞の大阪本社が大阪地検と組んで仕掛けた「財務省帳簿改ざん騒動」などが記憶に鮮明に残っています。

ちなみに後者を「騒動」と書いたのは、この件について検察は後に「犯罪の嫌疑なし」と断定しているからです。犯罪の嫌疑がない情報を新聞に流して、検察と朝日新聞は大騒ぎを起こしてしまったのです。その結果、当初「改ざんの実行者」とされた人物が自殺してしまいます。検察は事件化して裁判にすると、万一無罪になったような場合に自らの責任問題が生じますが、マスコミにリークして書かせることで、安全な場所から社会的な騒ぎを引き起こそうとしたわけです。

検察の姿勢は論外ですが、これに乗っかって新聞紙面で騒ぎを主導した朝日新聞の姿勢も犯罪的と言えます。この報道に追随した他の新聞社や、新聞情報を元にテレビ番組を作った人々も同罪でしょう。

東京オリンピックでの収賄容疑で逮捕された高橋治之氏のケースも似たようなところがありますし、当初贈賄側だけを立件した広島の河井夫妻の事件も異様でした。この国の既存マスコミと検察権力がいかに腐敗しているかの証左のニュース群と言えます。

警察におもねるマスコミ

同じような文脈で腹が立っているのが、袴田事件と、加古川女児殺害事件です。前者については多くのマスコミ関係者が鬼籍に入っているので時効としても、後者は当事者がまだ業界に多数残っているはずなのに、反省の弁が全く聞かれないのは本当に残念です。

２００７年に発生した加古川女児殺害事件では、現場の捜査官の幹部に「家族犯行説」に強く固執する人がいて、マスコミもそれに乗ったのです。そのため家の玄関先で我が子が常習犯罪者に刺殺されたのに、高齢の祖母を含めた家族が、警察、マスコミから犯人視されることになったのです。

こんなに酷い話はありません。

実は私レベルの「ど素人」の多くは当時、家族による犯行でなく、直近に周辺で起きた少女死傷事件との関連を考えたのですが、警察の誘導で「家族犯人説」を当時の新聞等は平気で書いたのです。

今になって、「別の事件で逮捕されて服役していた、同種の犯罪の常習受刑者が犯行を告白」と聞いて、私は「やっぱりそうか」と思いました。この件で「家族犯行説」を主導した警察官、それを無批判に報道したマスコミ関係者は猛省すべきです。

2007年10月16日夕方、兵庫県加古川市で小学２年生の女児が殺害される事件が発生。写真は翌年10月15日、事件現場に手向けられた花束。2004年に岡山県津山市で発生した小学3年生女児殺害事件で逮捕された男（無期懲役が確定し服役中）が2024年11月に加古川での事件への関与を自身から認め、捜査が進んでいる。写真：時事

そのとき、娘を失った上に犯人視された家族がどんな気持ちだったか。それを思うと本当にぞっとします。

これらの事実を知った上で、本稿最初に書いた新聞連載を読むと怒りと苦い笑いがこみ上げてきます。

「天に唾する」とは、こういうことを言うのでしょう。

自民党総裁選で感じた国民感情とのズレ

２０２４年9月12日告示、27日に議員投票と、15日間にわたって報道された自民党総裁選。過去最多の９人が立候補しましたが、候補者の発言を聞いていて、「こいつら分かってないなあ」と思うことがたくさんありました。

今回取り上げるのは些細な話ですが、「理論的、制度的には正しいけど、国民感情はついて行かないだろう」と思った「ある件」です。それは河野太郎氏の「年末調整廃止論」です。

多くの人々にとっては釈迦に説法でしょうが、サラリーマン、公務員などは、毎月受け取る給料の中から所得税が源泉徴収されています。勤務している会社や役所が、税務署に代わって税金を取り立てているわけです。

国にとっては「取りっぱぐれ」がありませんし、多くの国民は給料の手取り額だけに注目してしまいますから、税金を取り立てられている感覚が薄れます。

毎月、会社や役所が給料から天引きする税金総額について、その年の一番終わりの給料の際に「精算」作業が行われます。これが年末調整です。

なぜ精算が必要になるのかというと、1年の間には、例えば子どもが生まれて扶養控除が増えたり、税制が変更になったりなどなど、いろんな事情で年間トータルで納めるべき税額と、毎月源泉徴収された合計金額が合わなくなります。

年末調整では不足分を追加で納めるケースと、過剰に納めた税金が返還されるケースがあります。年末にお金を従業員や職員から徴収したくないためだと思いますが、毎月の徴収額が少し多めに設定されている会社が多いようです。

こうすると、取り過ぎた税金を年末に従業員に返すことができます。会社が給料から天引きして無理やり貯金してくれているようなもんです。

多くの普通のサラリーマン世帯では、「年末調整」と聞くと、「年末に年越しのお金をもらえる制度」と感じています。元々は納め過ぎた税金ですから、別にありがたがる必要はありませんが、毎月の給料と共に支払われていたら確実に使ってしまっていたであろう金が、年末にまとまって戻ってくるのはうれしいものです。

多くの一般家庭にとって年末調整は、「今年はいくら返ってくるかなあ」と楽しみにする制度なのです。

自民党総裁選告示に先立つ2024年９月５日、政策発表の記者会見を開き、年末調整廃止などの自身の政策を提示した河野太郎氏。写真：時事

河野太郎さんの「年末調整を廃止する」という発言の真意が別のところにあるのは理解しています。

しかし、「年末調整がなくなる」と聞いた多くの国民は「年末の小さな楽しみを奪われる」と感じるはずです。

このあたりの機微が分かっていないのは、たぶん「育ちの良さ」なのでしょう。年末調整で返ってくる数万円を楽しみに年末を迎える一般家庭の気持ちなんか想像したこともないでしょうからね。

てか、そもそも知らないと思います。

ただ、正直なところ私には、年末調整なんてはるか昔に「あったかなかったか」くらいの記憶しかありません。私が生まれ育った家庭では年末調整のお金で、毎年大みそかに、街で一軒しかないお寿司屋さんで外食する習慣がありましたから、そのあたりの機微は理解していますが、**そうでなければ私も河野太郎さんの主張にそのまま乗っていたかもしれません**。

私の場合、会社勤めを30年くらいしましたが、その間ずっと、講演や司会などの給料外の所得が年間20万円を超えていたために、毎年年度末に確定申告していました。ですから年末調整の記憶が無いのです。

20年近く自分で申告書を作成していましたが、あるとき地元税務署の税務相談会で「個人で申告書を作成するのはもう無理でしょう。税理士さんに相談しなさい」とアドバイスされて、それ以後は税理士さんに任せきりです。

最初は会社を辞めて税理士資格を取得した人の事務所を紹介されたのですが、気が付けばその事務所の二代目所長には税務署ＯＢが着任し、現在は三代目の税理士さんに税務をお願いしています。この人も税務署ＯＢです。

進まぬ行政のデジタル化

さて年末調整自体は、日本で所得を得るすべての人が個別に申告する制度になれば、自動的に廃止されるべき性格のもので、それ自体が議論になるわけではありません。

ただ、「河野さんは庶民の気持ちが分かってないな」と思うだけです。

むしろ私が河野さんに怒りを感じるのは、当時のデジタル担当大臣でありながら、日本のデジタル化があまりに遅い点です。

中国では「物乞いが集めた金も国家が管理する」くらいデジタル化が徹底しています。「さすが全体主義国家だわ」と嫌みの一つも言いたくなりますが、中国では随分前から商店のレジが税務当局とオンラインで繋がっていて、売り上げを誤魔化して脱税することは極めて困難です。

日本でも導入したらいいと思いますが、おそらく小さな商工事業者を票田と考える右から左までの政治家、具体的には共産党から自民党までが大反対するでしょうね。

多くのサラリーマンからすると、所得を完全に把握されている勤め人ばかりが重税にあえいで、多くの自営業者がまともな税金を納めていないという税務イメージがありますから、「国民全員の所得がデジタル管理でガラス張りになれば、一人当たりの納税額が引き下げられるだろ！」と思うのです。

私は、デジタル化はそのために有力なツールだと思います。

既にマイナンバーで国民すべてに番号が付与され、大反対の声の中施行されたインボイス制度で、会社や個人間のお金の流れが把握できるようになっているわけですから、銀行預金、収入、支出等を国家が全部把握する体制はほぼ構築されています。

問題は、現在、国民にとって「単なるプライバシーの侵害」以上の価値を実感できずにいる点です。

私が一切の仕事をやめようと決断したのは、インボイス制度導入も理由の一つです。今まで、請求書なしでも支払われていた出演謝礼（もちろん支払調書が発行されるので、税金は納めてきました）に、請求書の作成が必要になり、いちいち捺印の上郵送なんてアナログな作業が増えて、「俺の残り少ない人生をこんなことに使っていられるか！」と思ったのです。私が仕事を完全にやめるのは、国の政策に一因があることは間違いありません。

私は心から、「マイナンバーなどで仕組みはできているのだから、国民の金の出入りをコンピュータ管理して、自動的に税金を徴収してくれ」と思います。

これなら間違いがあったときだけ制度にアクセスすればいいわけで、年度末の確定申告も、年末調整も、何もせずに済みます。デジタル化ってそういうものだと思うのですが、逆に今はデジタル化で作業が煩雑になるばかりです。

そんなことしたら、ほとんどの税務署員は必要なくなり、税理士事務所は商売あがったりになりますから、政治家は各方面に忖度《そんたく》しているのかもしれません。

河野太郎さんに「年末調整が楽しみ、という庶民の気持ちを分かれ！」とは言いません。でも彼には「得意分野」のデジタル化で何を目指すのか、というビジョンを聞きたいのです。

ちなみに今回は河野太郎さんだけをやり玉にあげましたが、実は私、彼の主張の多くは支持しているということは付言しておきます。

予測通りの石破政権

２０２４年9月の自民党総裁選の結果、岸田政権の次の政権を率いるのが石破茂さんになりました。

この総裁選、議員票を中心とした「決選投票」が行われたのが、株式市場が閉まった午後3時をまわってからで（２０２４年11月5日に東京証券取引所の取引時間が延長され、現在は午後3時30分終了）、「高市さん当選」と見た投資家が買いに入って株価が終値にかけて爆上げして（同時に為替がぐっと円安に振れて）、「あ、こいつらアホだな」と思っていたら、案の定、石破さんが当選しました。

この総裁選の前の週の金曜日、東京品川で中田宏参議院議員のパーティーがあって、同席した某記者から「高市さんの当選確率をどのくらいに見てます？」と聞かれたので、「6％」と答えておきました。

その記者は大阪で「そこまで言って委員会ＮＰ」の出演を終えてパーティーに駆け付けたそうで、彼曰く「スタジオ出演者は『高市で決まり』と皆さん仰ってました」

とのことでした。

高市さんの当選確率を私がそこまで低く見積もったのは、第二次大戦後の日本の政治構造がアメリカ政府の強い意思の下で組み立てられてきたのを、嫌というほど見てきたからです。

高市さんは、アメリカの中枢から見て「危険な極右」です。

アメリカは中国を最大のライバルと見てさまざまな対中国の「仕掛け」をしていますが、ウクライナ戦争やパレスチナ問題、欧州の極右の台頭などで忙殺される中、東アジア情勢が緊迫するのを極力避けたいとも考えています。何かのはずみで中国が台湾に武力攻撃なんか仕掛けたら、アメリカ軍を派遣しなくちゃいけないわけで、そんな事態は絶対に避けたいところです。

日本に極右政権が誕生して中国と緊張状態になり、それがきっかけで台湾問題がこじれる事態には何としてもしたくないのです。**ですからアメリカは水面下で「毒にも薬にもならない小泉か石破」という選択肢を望んだのですが**、高市陣営のネットを使った世論誘導等の仕掛けが功を奏して、決選投票に高市と石破が残る事態になり、ア

自民党総裁選後に開かれた両院議員総会で、岸田文雄前首相（手前）と握手する石破茂新総裁［代表撮影］。写真：時事

メリカとしては石破しか最終的な選択肢がなくなったわけです。

石破首相は「地位協定の見直し」なんて、アメリカから見て面倒なことを言っていましたが、これについては「どうせできっこない」と読みきられてます。

日本も武力を使ってアメリカを守る双方向の安全保障に石破さんは前向きですから、これはむしろアメリカにとっても好都合ですが、これもまた「できっこない」話ですね。

もし高市首相だったら……

もし高市さんがトップになっていた場

合、日本経済がどうなったかを考えてみましょう。小泉さんはこの点曖昧ですが、両者の中間よりもやや石破さん寄りくらいに見ておくと間違いないでしょう。

高市さんは、「アベノミクス継続」を強く打ち出していました。アベノミクスの本質は、低金利と財政出動です。簡単に言うと、金利を抑えてお札をどんどん刷ることで、景気を良くしようというわけです。

この政策は「100年に一度のリーマンショック」のような緊急時には有効かつ必須な手法ですが、恒常的に行うと貨幣価値が落ちて酷いインフレを引き起こします。日本だけでなく、リーマンショック後、世界中の政府と中央銀行がこれを行った結果、世界中で酷いインフレが起きて、各国の中央銀行は高金利政策に舵を切りました。

ところが日本では政府のデータ上は他国ほど酷いインフレを示さなかったこともあって、緊急事態の対応を続けてしまいました。**譬《たと》えて言うなら「あんまり効かないね」と言いながら、カンフル剤を打ち続けるようなものです。**

「その結果、体がボロボロになってしまった」というのが日本の現状です。

低金利とバラマキに慣れた日本の企業はゾンビのように生き残り、ゾンビが健康な人を食うように、次世代を担う企業の成長が妨げられてしまったのです。**都心のマンションが70平方メートルしかない小さなもので1億円を超え、ブランド品の値段が軒並み倍になり、「うまい棒」は10円から12円、そして15円になりました。**

「物価が上がる」ということと「貨幣価値が落ちる」ことは同じです。株などに投資していた人は、貨幣価値が下がった分以上の円を手にしましたが、貨幣価値が落ちた分ほど給料も年金も上がっていませんから、株や不動産投資をしていない人の生活はどんどん貧しくなっていきました。

一方、物価が上がれば、例えば物価×10%の税金はガンガン増えます。

消費税が3%上がると発狂したように批判する人が、物価が10%上がっても平気な顔でいるのが信じられません。庶民の生活は後者の方が間違いなく厳しくなるにもかかわらず、です。こうして「インフレ税」という形で国民の資産がズンズン役所に吸い上げられている、というのが現状起きていることです。

高市さんはこの政策を受け継ごうとしたわけですから、高市さんが総理になっていたら、円安、株高は間違いありません。しかしインフレは確実に加速します。株は上がりますが、物価高騰はさらに続き、庶民の生活が破壊されるのは、冷静に見たら誰でも分かる話です。

石破総理は、政治的な恨みもあってアベノミクスに批判的です。アベノミクスの本質は低金利とバラマキですから、これを否定するということは金利が上がって円高に振れる可能性が強まったということです。

安倍政権で日銀は政府の下に組み込まれましたが、本来中央銀行はバラマキに走る政府から独立して通貨防衛のために必要な策をとるべきで、これを「中央銀行の独立」と呼びます。

石破さんの過去の発言を詳細に分析すると、「中央銀行は政府の思惑から離れて、必要な施策をすべき」と、少なくとも政権を取るまでは考えていたようです。

実際に政権を取った今は考えが変わっている可能性がありますが、少なくとも安倍・高市体制よりは日銀は利上げがしやすいはずです。**ちなみに岸田政権は単なるポピュリズム政権ですから考察に値しません。**

そんなわけで石破さんが政権を取ると決まった瞬間に利上げ＝円高予想となって、為替が円高に振れ、同時に株価が下がったのです。完全に予想通りのマーケットの動

2025年１月24日、追加利上げを決定した金融政策決定会合後、記者会見に臨む日銀・植田和男総裁。政策金利は17年ぶりに0.5％程度まで引き上げることとなったが、1.5％程度を目標とする更なる利上げも取り沙汰されている。写真：時事

きです。

では、これからどうなるか？

リーマンショック以降の各国の対策でインフレが起き、結果中央銀行がインフレ抑制のために利上げせざるを得なかったように、高市さんの施策（当面の低金利、円安）の方が、将来の利上げリスクは確実に高まります。

アメリカのインフレと高金利が、過去の、トランプ・バイデン両政権下のバラマキの結果なのは、火を見るよりも明らかです。

ただ石破さんの政策で将来の利上げが抑えられるかというと、これはかなり難しいです。既に日本の物価は火が

付き始めていますから、日銀は利上げを継続しないわけにいかない状況です。

そうしなければ、株式や不動産投資をしていない人の生活はどんどん苦しくなってしまいますからね。石破政権は、結局過去の政策の誤りに翻弄されることになるでしょう。

来るべき嵐の中で石破船長は日本丸をどう操縦するのか？

私は本音でそんなに石破さんに期待していません。しかし、高市さんが総理になるより、一般庶民はマシな生活になると思います。

でも、それは程度問題に過ぎず、今のアホな官僚群が幅を利かす日本に、よりマシな未来は見えてきません。残念です。

権力の構造

トランプ大統領就任のニュースと少し関係があるのですが、「この国（日本）の権力はどこにあるのか？」と考えていたら、部屋の書庫の隅から2005年に出版された「月刊現代」が出てきました。

「この月刊誌を保存したのには理由があるはずだ」と考えてページをめくっていて、とても興味深い記事を発見しました。当時の月刊誌って、結構ちゃんとしたルポを書いていたんですね。今の週刊誌とはレベルが違います。

ルポのタイトルは「田中角栄と読売・朝日の『電波談合』」（中川一徳著）で、ローカルテレビ局の新局開設をめぐる暗闘が見事に描かれています。

当時「準キー」とはいえ、ローカル局の構成員だった私が読んでも極めて説得力のある話が書かれていて、当時のルポライターの力量は素晴らしいと感じます。

ただ、玉石混交の時代であったのも間違いなく、思想的に左派の人が書いたルポの中には後の時代に「虚偽」と断罪されてしまったものもたくさんあります。

私が鮮明に覚えているのは、後に関西の有力大学のメディア学科教授に就任することになる共同通信の記者が書いた『犯罪報道の犯罪』というタイトルの、私から見て「トンデモ本」です。この本の中では「連続暴行殺人事件を犯した凶悪な犯罪者」としてマスコミに断罪された男が取り上げられています。逮捕後「冤罪被害者」と左派系マスコミに持ち上げられた結果「無罪」になったものの、釈放後、冤罪の余地のない殺人事件を犯して逮捕されました（無期懲役が確定し収監中）。

また、この本の著者が「北朝鮮工作員の一味と報道されているが、冤罪に違いない」と救援活動を行った女性は、**後にマスコミ報道以上の「凶悪な北朝鮮のスパイ」であったことが証明されてしまいます**。「冤罪被害者」どころか、日本人拉致にかかわりがあった「とてつもない嘘つきの犯罪者」であることが分かったのです。

しかし、この本を書いた記者は、事実判明前に大学教授に就任し、この本を「ネタ本」にして作られた民放ドキュメンタリーが、左派系の選考委員に占拠された民放の番組審査会で「立派な賞」を受賞してしまいます。

私はこの一連の事態を見て、「賞」なんてものがいかにいい加減なものであるかを知りました。

90年代初頭、マスコミ各社はこの女性に「報道に行き過ぎがあった」と謝罪しました。真実が明らかになったからこそ「真の被害者」に対して反省すべきだったのですが、かかわった人々の多くは口をつぐんだままこの世を去ってしまいました。同業者の端くれとして、恥ずかしい限りです。

さて、話を発掘した月刊現代のルポに戻しましょう。このルポでは1980年当時の新テレビ局開設に、ロッキード事件以降表舞台から姿を消した「目白の闇将軍」田中角栄が深くかかわっていたことが描かれています。

ただ、このルポを読んで感じたのは、「確かに当時、田中角栄に権力と金が集中していたのは事実だが、結局、角栄は、関係者に便利に使われただけなんじゃないか」という思いです。

当時民放の免許は「金を刷る免許」と言われていて、新局開設の利権は手っ取り早く金を得たい地方実業家にとっても、実業家から金を引っ張りたい政治家にとってもまさに「金鉱脈」だったのです。

この権限は当時も今も郵政省（現総務省）に与えられています。

私が1980年に読売テレビに入社したころ、フジテレビの社長は郵政官僚の元トップが天下りして勤めていました。この人物、私の大学時代の友人の叔父だったので、私はこの人についてよく知る立場にありました。

「郵政省に権限がある」と言っても、実際に権限を振るうのは人間です。ただ、一官僚が金に群がる有象無象を整理するなんてことはとてもできず、この役割を得て権力を伸長させたのが田中角栄元郵政大臣というわけです。

角栄が自民党内でゆるぎない地位を築くまでのプロセスと放送免許は重大なかかわりがあるのですが、この話は今回の話とは別の時代（もっと前）のものです。

さて1980年代の放送免許取得には、読売、朝日などの新聞社が深くかかわるようになるのですが、田中角栄は、どの新局をどの新聞系列に入れるか、株をどの社に分配して誰を社長に据えるかなどについて権力を振るいます。

もちろんその見返りとして政治献金や選挙での協力などを角栄が求めるのです。朝日新聞などは、表向き、「反自民」「反金権」等の立場を標榜していますが、権力に近付いて大きな分配にあずかったのは歴史的事実です。

例えば、今のテレビ朝日は、私が子どものころは旺文社などが大株主の「民放界の教育テレビ」で、NET（エヌイーティー＝日本教育テレビ）と名乗っていました。「教育テレビ」として免許を付与されると「放送時間の半分以上が教育番組でなくてはならない」等の縛りが掛けられます。テレビ局が欲しい朝日新聞は田中角栄に近付いて、「日本教育テレビ」という教育テレビの免許を普通放送ができる免許にしてもらい、日経などから株を取得して「テレビ朝日」に看板を書き換えたのです。

読売グループの場合、東京の日本テレビの権力が大きく、最近の地方局再編などは簡単に行われましたが、実は朝日系列の場合、大阪の朝日放送の方が、東京のテレビ朝日よりもはるかに歴史が古く、読売グループほど簡単に再編できないだろうと思われています。大阪の朝日放送の古い社員は、「俺たちはテレ朝より上だ」と認識していますからね。

さすがに近年、この感覚は薄れつつあるようですけど。

金と放送免許が欲しい人々は田中角栄に近付いていて、その権力にすがったのですが、見方を変えると、「一官僚では簡単に差配できないこと」、**つまり「誰かを敵に回すリスクを冒してまで物事を決定したくない烏合の衆」である官僚が決定できないことを**

決めてくれる便利な人物、それが田中角栄だったのです。

権力を求めるのは為政者よりも国民

歴史的に見ても、治水のための大規模工事や外敵の侵略阻止などに権力は必要だったわけで、権力というのは、本来一人一人ではできないことを組織的に行うための人間社会の必須機能なのです。

隣人の子どもである若い兵士に「死ね」と命じる王がいなければ、共同体組織全体が外敵に襲われて滅亡する弱肉強食の時代を想像してください。

一個人が隣人に「死ね」と命じるのは容易ではありませんし、それで問題は解決しません。「王」に類する権力があって、それに万単位の人が従う組織があって初めて、共同体が生き延びられるのです。

つまり権力というのは、権力者のためでなく、それを利用する組織員（現代なら国民）のためにあるわけです。ウクライナのゼレンスキー大統領の持つ権力と、戦場で死ぬ兵士たちを思ってください。

しかし人の常として、権力を持った人物が組織のためでなく、自分のため、例えば個人的な欲を満たすためだけに権力を使い始めてしまうことがあります。

これが「権力の暴走」です。

古代中国では「天命」が差配して権力交代を促すことになっていますが、現実には権力者の暴走はそんなに簡単には止められません。**暴走できるだけの力を持っていない権力は、そもそも国民の側にとっても「役立たず」で魅力が無いですからね。**また権力者は常に、自分の権力の源泉を確保しようと、自らを神格化することが多いです。

今回トランプ大統領は宣誓の際に聖書に手を置きませんでしたが、うがった見方をすると、自らを「神」と思わせたいのかもしれません。

なんてことを考えながらトランプ大統領の就任演説を聞いていて、トランプという権力者が何をするかというより、アメリカ国民がこの権力をどう使おうとしているのかがとても気になりました。

権力が強ければ強いほど国民はそこに魅力を感じるのです。

新聞各社がかつて田中角栄にすがり、今でも社の幹部たちが政治権力、検察権力等

2025年１月20日、連邦議会議事堂内で行われた就任式で宣誓するトランプ第47代アメリカ大統領。写真：dpa/ 時事通信フォト

にすり寄ろうとするのと、結局は同じ構造なのです。

スケールは小さいですけどね。

トランプ政権に迫る課題

2025年1月20日に発足した第2次トランプ政権。発足約1カ月後までの動きは、すべてが大方の想定通りです。ガザ問題やウクライナ侵攻が一夜にして解決するはずもなく、魔法のようにアメリカの移民問題や麻薬問題にケリがつくはずはありません。

しかし、多くのアメリカ人の中にある「不法移民問題と麻薬問題を何とかしろよ」という世論にトランプ政権が応えようとしているのは確かです。

この問題解決に、残された時間は実質2年（2年後の中間選挙を越えると2期目の大統領はレイムダック〈＝足の不自由なアヒルの意味〉化して、権力を大きく削がれると言われています）。本人は何とかアメリカ憲法の規定をかいくぐって3期目を目指したいと思っているようですが、映画『シビル・ウォー』で描かれたディストピアが悪い冗談では済まなくなりますから、さすがにそれはムリでしょう。

2年で決着を付けられればたいしたものですが、それは容易ではありません。日本の都市部のコンビニが、外国人労働者がいないとレジが回らなくなっているのと同様、数百万単位の不法移民はアメリカ経済の生産現場に組み込まれてますからね。

ちなみに年明けから日本でレタスやキャベツが高値ですが、原因は天候不順だけじゃなくて、給与の安い中国人労働者などに頼っていた取り入れ作業が支障をきたすようになっているんです。**中国の都市労働者の賃金は日本を上回ってしまいましたし、中国の通貨は、日本の円を超えるボリュームを持つ国際通貨になってしまいました。**中国の人工知能の会社で働く20歳代の天才中国女性は、数億円の給料で雇用されているそうです。

15年ほど前、私が担当していた「そこまで言って委員会」に出演してくれた保守派の識者が「中国元なんて国際的に全く価値を持たない」なんて発言していたのが懐かしいです。

あのときもう少し危機感を持っていたら、今の状況は変わっていたかもしれないと思うと、今でも似たようなことを言い続けている「識者」がいかに信用ならないか分かります。

１９９０年代に番組に出演してくれた別の右派の識者は「今やアメリカ製品に買う

物なんかない！」と豪語していました。そのころには後のGAFAなどが生まれつつあったわけで、先の読めない人の話を信じていると酷い目に遭いますが、そのときの「識者」が、今でも保守論壇の月刊誌等で発言を続けているのを見ると笑えます。

右派、保守派がこんな状態で、左派に至っては「軍が慰安婦を強制動員した」「北朝鮮は夢の国」的な発言を毎日平気で続けていましたから、現在の日本がこんなことになったのは避けられない事態だったのかもしれません。

いつまで関税強化の脅しが通用するか

さて話をトランプさんに戻しましょう。

彼のやり方がだいぶ分かってきました。不法移民を捕まえてコロンビアに送り返そうとして拒否された局面は象徴的です。トランプ大統領は「受け入れを拒否し続けるなら、1週間後コロンビアに50％の関税を課す」と発表して、コロンビアが自国民を受け入れることになりました。

関税を使ったディール（取引）外交、これが今のトランプ政権の主戦略のようで

2025年２月10日、ホワイトハウスの大統領執務室で鉄鋼とアルミニウムの輸入品に対して一律25%の関税を課す大統領令にサインするトランプ大統領。写真：CNP/時事通信フォト

す。メキシコ、カナダにも同じ手を使って国境警備を強化させることに成功しました。しかし、「国境にメキシコ兵を1万人送る」というメキシコ側の約束がどの程度果たされてどの程度の効果を発揮するかは未知数です。

トランプ大統領がカナダ・メキシコへの課税強化前日に政策を撤回した背景には、株が大きく下落したことがあります。２０２５年2月初旬のアメリカの株価下落は、まさにトランプ政権の政策の結果で、いつものように「バイデンのせいだ」と言うわけにいきません。

ワシントンの空港で起こった民間機

とヘリコプターの衝突に関して「バイデン政策の誤った人種平等政策でアホが航空管制官についていたから起きた事故だ」という趣旨のトランプ氏の発言には笑ってしまいましたが、全否定はできません。しかしこのときの株価下落は間違いなくトランプ政権の関税政策への市場の反応です。

トランプ氏としては、自分の政策で株が下落するような事態は絶対に受け入れられないのです。コロンビア、メキシコ、カナダには関税の脅しが効きましたが、今後同じ手法が中国やヨーロッパ諸国に効くかどうかは不透明です。

私、かなり前に「孔子の直系の子孫」を自任する人と共作で本を作ったことがあります。この人物が孔子の直系だとは私は全く信じていませんし、２５００年も前からＤＮＡをたどったら、数学的に相当数の子孫が現代中国にいるはずで、「直系の子孫」に意味はありません。

ただ、孔子に対する世界の認知度に注目して、中国共産党は、日本を始め世界の大学に金を出して「孔子学院」なるものを作って各国への浸透を図っています。私の記憶では早稲田や立命館にもあるはずです。**この組織が中国共産党の工作団体だという**

認識は必要です。

その本を出したときに何度か「孔子の子孫」と話をしたのですが、「中国人が一番に重んじるのが面子《メンツ》だ」という話は面白かったです。**正直「カネだろ!」と思うのですが、彼らが時として金同様、あるいは金以上に面子を重要視するのは嘘ではないようです。**

今のトランプ大統領のやり方は、「中国人のメンツ」というメンタルに訴えるには逆効果のような気がします。たとえ習政権が「金」を第一に考えても、国民の面子を敵に回すと国内統治がうまくいかなくなりますからね。

ヨーロッパも同様です。今のヨーロッパを、第二次大戦後の荒廃からアメリカが立て直したのは間違いありませんが、多くの欧州人は「アメリカ人なんて野蛮人。俺たちの方が文化の上流」と考えていますから、「メンツ」を「プライド」と読み換えると、構造がとても似ているのが分かります。

「関税による脅し」以外の有力な手段を見つけない限り、早晩、トランプ政権は窮地に立たされることになるでしょう。

NHK国際放送の不適切発言

2024年8月、NHK国際放送の中国人アナウンサーが、元々の原稿にない「尖閣は古来中国の領土」等の発言を勝手に電波に乗せていた話をネットニュースなどで目にしながら、多くの日本人の反応と全く違うことを考えていました。

それは、「この中国人、日本で働き続けたかったのだろうな」という、**実に問題の本質とかけ離れた感想です**。

この中国人、どうやら、近年NHKに賃金面での待遇改善を求めていたようです。日本のNHKで採用されるくらいですから、中国における一族の財力は豊かで、教育レベルも高く、彼はおそらくかなり高度な日本語力を備えていたことでしょう。

原稿に元々なかった文言を付け加えて放送できたくらいですからね。まあ、元々の原稿が中国語だったなら、日本語能力が低くても可能だった不祥事ですが、NHKに日本語能力ゼロで採用されることはあり得ません。中国人で日本語ができる人は、残留日本人孤児でもない限り、かなり知的レベルの高い階層に属する人だっただろうと推察できます。

数ある世界の言語の中で彼が日本語の習得を目指した理由は知りませんが、日本に来て職を探した事実から、彼が少なくとも過去のどこかの時点で「日本ファン」だった可能性は高いと思います。

実は同じことは韓国方面に関しても言える話で、日本で、韓国の保守勢力の立場を力強く代弁している金慶珠《キムキヨンジユ》さんなんかも、おそらく元々かなりの親日家だったことでしょう。金慶珠さんはいわゆる在日出自でなく、韓国で生まれ育ってから日本にやってきた外国人ですからね。私の貧しい英語能力を考えると、金慶珠さんや、台湾出身の金美齢《きんびれい》さんらの日本語能力は驚異的です。よほど日本が好きじゃないとあの能力は身に付かないでしょう。

まあ、本人の才能の問題は大きいですけどね。

さて、問題を起こしたNHKの国際放送の中国人ですが、彼はおそらく日本での長期滞在とキャリア形成を目指していたはずです。ところが、NHKが待遇改善に応じる気配がなく、日本での人生設計が成り立たなくなっていたのだと思います。

同時に中国の経済発展で、中国都市部の知識階級の賃金はドル換算で日本を抜く事態になり、彼はかなり焦っていたのでしょう。少なくとも20年前には、中国都市部のエリートが稼ぐ賃金よりも、日本の低所得層の賃金の方がドル換算ではるかに高かったのです。

この当時に日本に来た中国人たちは、「日本で働いて金を貯め、中国に錦を飾る」という人生設計ができました。ところが、今やその夢は破れて一日も早く中国に帰って中国で人生設計をしたいと、皆思い始めています。

しかし、NHKの国際放送部門で働いていた彼には、それがしづらい事情があったのは事実です。何せ彼は、日本の立場を中国語で全世界に発信していたわけですから、たとえそれが誰かが書いた原稿を読み上げるだけの仕事にせよ、中国政府や中国社会から見たら間違いなく「裏切り者」です。

そんな彼が「中国に帰って、待遇面も含めてキャリア形成し直したい」と考えたとき、真っ先にやらなくてはいけないのは、自国に帰った後の自らの安全確保です。「自分は日本政府の立場を世界に向けて発信していたけど、それは単なる仕事上だけのことで、本心は全く違う愛国者だ」と最も分かりやすく中国政府にアピールする方法として彼が思いついたのが「放送で中国の立場を世界に流す」ことだったのだと思います。

喪われる「日本に住む理由」

かくして事件は起きました。

彼がもし日本人で、北京の放送局で同じことをやったら、下手すると永久に中国の刑務所に入るか、最悪処刑されることになったでしょう。

しかし日本では彼のやったことは警察が介入しても単なる「業務妨害」程度の罪にしかなりません。ＮＨＫが問題を発表する前に彼は中国に帰ってしまいましたから、実際に日本で何らかの処罰を受けることはあり得ません。

ただし、中国が彼を英雄として迎えた話も聞こえてきませんから、彼の「努力」がどの程度功を奏したかも分かりません。

彼がＮＨＫで日本政府の立場を中国語で全世界に発信していたのは消せない事実ですから、当局の匙加減一つで、今後中国国内で酷い目に遭う可能性は少なからずあるだろうと思います。彼のケースって、見方を変えると典型的なダブルスパイの行動、と見ることもできます。

私が心配しているのは、彼のように、おそらく元々親日派で日本に夢を抱いて来た優秀な外国人が、日本の会社の待遇の悪さなどからどんどん日本を逃げ出し始めているのではないか、ということです。

逆に日本のやる気のある若者の中には、好待遇を目指して海外に飛び出す事例が増えています。私の三人の子どものうちの一人は、近年口癖のように「海外で働きたい」と言います。彼は今のところやる気と根性がないので日本の会社で働いていますが、さらなる円安と物価高が国土を覆い、相対的な日本の賃金安が進むと本気で日本を飛び出しかねない状況です。

ＮＨＫで働いていた中国人の暴挙は許せませんが、彼に「日本での仕事を失ってもいい」と思わせた日本の状況を座視すべきではないと思うのです。

南海トラフ地震臨時情報の罪

２０２４年８月、瀬戸内海の島めぐりをしていたら宿の主人に「キャンセルが出たから、部屋をグレードアップしてあげる」と言われました。キャンセルの理由は、「南海トラフ地震臨時情報」の「巨大地震注意」が出たからです。

２０２４年８月８日、日向灘を震源とする最大震度６弱、マグニチュード７・１の地震が発生しました。地震の震源地周辺でしばらく地震が頻発するのは当たり前ですが、地震による津波発生を恐れて瀬戸内海の民宿の予約をキャンセルするのは「アタマおかしい」レベルの話だと思います。

このときの臨時情報で、和歌山県の白浜や三重県の伊勢界隈などで海水浴場の閉鎖を余儀なくされたところがあるようですが、これまた同様に「アタマおかしい」レベルです。

その後気象庁は「ひずみ計などに特段の変化は見られない」などと情報を発信していますが、そもそも「ひずみ計」が地震の予知に役立った話は聞いたことが無く、日

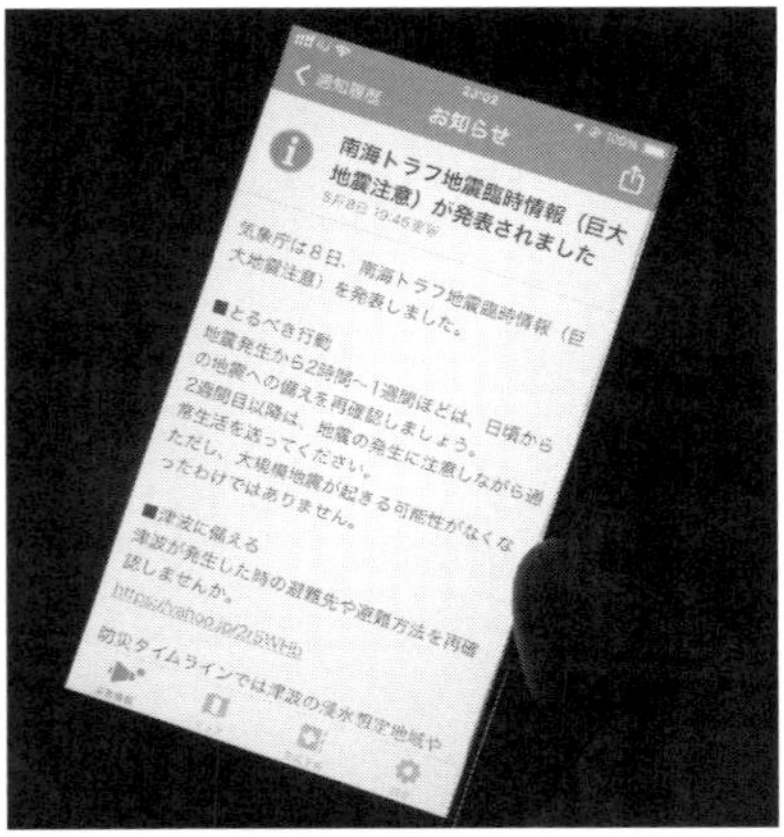

2024年年８月８日16時43分、日向灘を震源とするマグニチュード7.1の地震が発生。同19時15分、気象庁は、「巨大地震注意」とする南海トラフ地震臨時情報を発表。なお、2025年１月13日に発生した日向灘を震源とするマグニチュード6.9（速報値）の地震では南海トラフ地震臨時情報は発表されなかった。写真：時事通信フォト

本の地震学者と役所はオカルトレベルの情報を垂れ流し続けているのが現実です。

このときSNSなどで「地震雲を見たからもうすぐ大地震が起きる」等の情報を流した人が一部マスコミに批判されていましたが、気象庁や地震学者の根拠の無い「注意情報」を垂れ流すマスコミも、SNSの糞どもと同罪でしょう。

もしかすると地震雲の方が、経験則でわずかな根拠がある分、マシかもしれません。

かつて日本政府と地震学者は、「東海地震は予知できる」として、おびただしい予算を費やして地震計やひずみ計を東

南海トラフ地震臨時情報発表を受け、2024年8月9日～15日を遊泳禁止とした神奈川県平塚市の海水浴場。砂浜には遊泳禁止の張り紙や旗が掲げられた。写真：時事

海エリアに設置して「学者の地震予知情報に基づいて総理大臣が避難命令を発する」等の体制を整えました。

その後、阪神・淡路大震災や東日本大震災が起こり、「地震は予知できない」と法律の前提を変えたものの、それに代わる予算獲得策として、「南海トラフ地震に関して、地震前に政府が警戒、注意を呼び掛けるシステム」を作りました。

これは、東海地震で失敗したことをさらに大規模に行うだけの話で、一部の本当の専門家から「地震学者と行政の焼け太り行為」と批判されていました。

その後も地震学者と行政が発表している地震発生確率マップ上で、地震発生確

率が低いとされた、北海道、熊本、能登などで大規模地震が起こり、ある程度自分の頭で判断できる人には、「新聞に出ている地震発生確率マップは根拠ゼロのオカルトマップに過ぎない」と認識できている今、正直「南海トラフ地震臨時情報」は「また、政府と学者がデマを流している」としか私は思いませんでした。

それなのに、我々が宿泊した民宿が「キャンセルが相次いでいるので、グレードアップ」ですから、「多くの日本国民は自分で物を考える力を失いつつある」のだと強く感じます。

あいまいなデータで煽られる不安

新型コロナウイルス騒動のときも似たようなもので、嘘の余地が少ない各種の統計を読み込むと、「このウイルスは、日本では、高齢者や特殊な病気を持っている人以外にとっては、ほとんど鼻風邪に過ぎない」と分かったはずです。

自慢じゃないですが、私は新型コロナには三回感染しています。このうち抗体検査キットで陽性だったのは一回だけですが、残る二回は、コロナが確定したときの症状から判断して「コロナ」と自己診断しています。

確かにコロナウイルスは、感染したウイルスが、自分の免疫機能が立ち上がる前にどこで増殖するかで症状にばらつきが出るのは事実です。

初期のころには肺で新型ウイルスが増殖して重い肺炎で亡くなる人もいましたが（これも日本ではごくまれでした）、新型ウイルスが広がって社会全体が基本的な免疫を獲得してから後は、鼻やのどの奥などでウイルスが増殖している間に自分の免疫でウイルスを退治できるようになり、まさに「鼻風邪」になったのです。私の経験から言うと、従来の鼻風邪よりも、のどの痛みなどは強烈ですけどね。

それにしても、いまだにコロナの恐怖を煽って儲けようとする医療関係者は「アタマがおかしい」と言うべきでしょう。コロナ対策については、「普通の生活を続ける」という判断を流行初期に冷静に下したスウェーデンが賢明だったと言えます。スウェーデンではコロナ以前から80歳を超えた患者に積極的な公費医療を行っていませんので、そもそも90歳を超えても公的医療保険で人工透析が受けられる日本は特別な国ですけどね。

さて話を地震に戻します。「南海トラフ地震」がそのうち来るのは間違いありません。しかし、どこを震源とするどの規模の地震を「想定されている南海トラフ地震」とするのかすら、明らかではありません。

とにかく揺れたら海岸線から離れる、揺れる前に、揺れても簡単に壊れない家に住む、これしか解決の方法はありません。海水浴場があるような田舎にはどこにも巨大な有線放送スピーカーが設置されていて、津波の警報が出たらすぐに教えてくれます。さらに、音声が聞こえない場合を想定して、赤白の旗を振るシステムもできています。震源地がどこでも、プレート境界型の巨大な南海トラフ地震なら、津波が海岸に到達する前に最短でも数分を要します。

それでも「海岸を事前に閉鎖しておけば助かった命がある」なんてことは起こり得ます。

しかし、夏休みの書き入れどきに1週間も海岸線を完全に封鎖されたことによって起きる経済的ダメージで死ぬ人が出るかもしれません。結局は、比較衡量《ひかくこうりょう》で諸々判断しなくちゃいけないわけですが、今回の臨時情報で海水浴場を閉鎖した判断は、私には「アタマがおかしい」としか言いようがないのです。

東京都の都庁所在地

昨年、ドライブ中にバカ息子①から「東京の都道府県庁所在地はどこ?」と聞かれました。

大阪府の府庁所在地は大阪市、愛知県の県庁所在地は名古屋市、茨城県の県庁所在地は水戸市ですよね。

東京は?　といきなり聞かれてしばらく考え、「新宿区」と答えました。

正直、知識としては曖昧だったのですが、論理的に考えるとこの答えしかありません。その後、私の答えに疑いを持った子どもたちはネットで調べて、「確かに新宿区西新宿が都庁所在地だわ」と言っていましたから、「新宿」で正解だったようです。それにしても、後で確認されるくらい私が信じられていないのだと、笑ってしまいました。

東京の都庁所在地って学校で「東京」としか教えられませんが、これって考えてみるとおかしな答えです。「都道府県庁所在地」とは、基本的にその都道府県の議会がある基礎自治体のことです。

国家と国民との間には二階層の自治組織があり、中間自治体が都道府県、住民サービスの基本を担うのが市区町村という基礎自治体です。都道府県はそれぞれの都道府県内でしか通用しない条例を作る権限があり、基礎自治体は、さらにその市区町村でしか通用しない条例を作る役割を持っています。もちろん、それぞれの条例は国会が作る法律に反することはできません。

さて、「東京の都庁所在地は？」と聞かれて多くの人は教科書に書いてある通り「東京」と答えるでしょう。この「東京」が「東京都」を意味するなら、答えとしておかしいのは分かりますよね。

これって、「愛知県の県庁所在地は愛知」って言っているのと同じことで、答えになっていません。愛知県の県庁所在地は名古屋市です。なぜこんなことになったかというと、古くは東京の23区内は一つの基礎自治体で「東京市」だったからです。

このころは、「東京都の都庁所在地は東京市」で正解でした。東京中心部の基礎自治体が東京市だったわけですからね。ところが、東京市が解体されて何度かの変遷を

地方自治法第四条第一項（昭和二十二年　法律第六十七号）
地方公共団体は、その事務所の位置を定め又はこれを変更しようとするときは、条例でこれを定めなければならない。

東京都庁の位置を定める条例（昭和六〇年一〇月一日　条例第七一号）
本則　地方自治法（昭和二十二年法律第六十七号）第四条第一項の規定に基づき、東京都庁の位置を次のとおり定める。
東京都新宿区西新宿二丁目
附則　この条例は、東京都規則で定める日から施行する。
（平成二年規則第二一六号で平成三年四月一日から施行）

経たのち、1947年8月に23区になってからは、東京中心部の基礎自治体は23の区（特別区）になったのです。私が住んでいる東京の基礎自治体は中央区、都庁のある基礎自治体は新宿区というわけです。

東京23区はそれぞれが基礎自治体ですから、市町村と同様に首長が選挙で選ばれ、議会がその区内でしか通用しない条例を定めることができます。「市区町村」という表現がありますが、この「区」に相当するのは東京23区だけで、例えば大阪市北区などは含まれません。

大阪市北区の住民は、たまに自分の住んでいる基礎自治体を「北区」だと思っていますが、これは間違いです。あくまでも基礎自治体は大阪市で、「北区」というのは、単なる大阪市という基礎自治体内での地域の名前でしかありません。

大阪には現在24の区がありますが、これらは民選の首長と議会を有する東京23区とは全く違います。名古屋市や横浜市、札幌市等、政令指定都市には大阪同様「区」がありますが、これも東京23区と全く違います。

話の発端は「東京の都庁所在地はどこ?」という素朴な疑問ですが、この疑問が子どもたちから出るのを聞いて、「ほとんどの人はいわゆる『大阪都構想』なんて全く理解してないのだろうな」と思いました。

「大阪都」を作るのではなく大阪市を解体する目標

「大阪都構想」というのは、かつて東京市が解体されたように大阪市を解体して5つ前後の「特別区」の基礎自治体にし、大阪府という中間自治体の存在を明確化しようとした政治運動です。実は横浜や名古屋など、政令指定都市の中でも特に人口が多い基礎自治体を抱える府県では似たような構想があったのですが、大阪市と大阪府は、前者が「共産党と京大土木工学科の牙城」、後者が「国の出先機関」という立ち位置が鮮明で、それに起因する歴史的トラブルが続いてきました。

大阪市と大阪府は互いに永遠に相いれない「敵」だったのです。

政令指定都市以外では、基礎自治体である市町村と県の役割は明確で、県は基礎自治体を含めた地域の行政に携わるわけですが、政令指定都市は一部中間自治体である道府県の役割を兼ねていますので話がややこしくなるのです。

仲が良ければ問題はないのですが、仲が悪いと、「大阪市は大阪府より偉いのだ」となって、例えばイベントの度に大阪市長と大阪府知事の祝辞の順番で揉めたりすることになります。大阪湾には、大阪市営のヨットハーバーと大阪府営のヨットハーバーがほとんど同時期にでき、両自治体の作った「西日本一」の高層建築物が、センチ単位の設計変更を繰り返して高さを競った挙句、共に経営破綻したりしました。

府と市のせめぎあいが「ふしあわせ（府市あわせ）」と揶揄された時代を私はよく知っています。こうして数千億円の税金が道頓堀に捨てられたのです。

大阪の政治勢力「維新」は元々が大阪府の自民党ですが、この政治組織が誕生した背景には大阪人の政治に対する怒りと不満があったのは間違いありません。

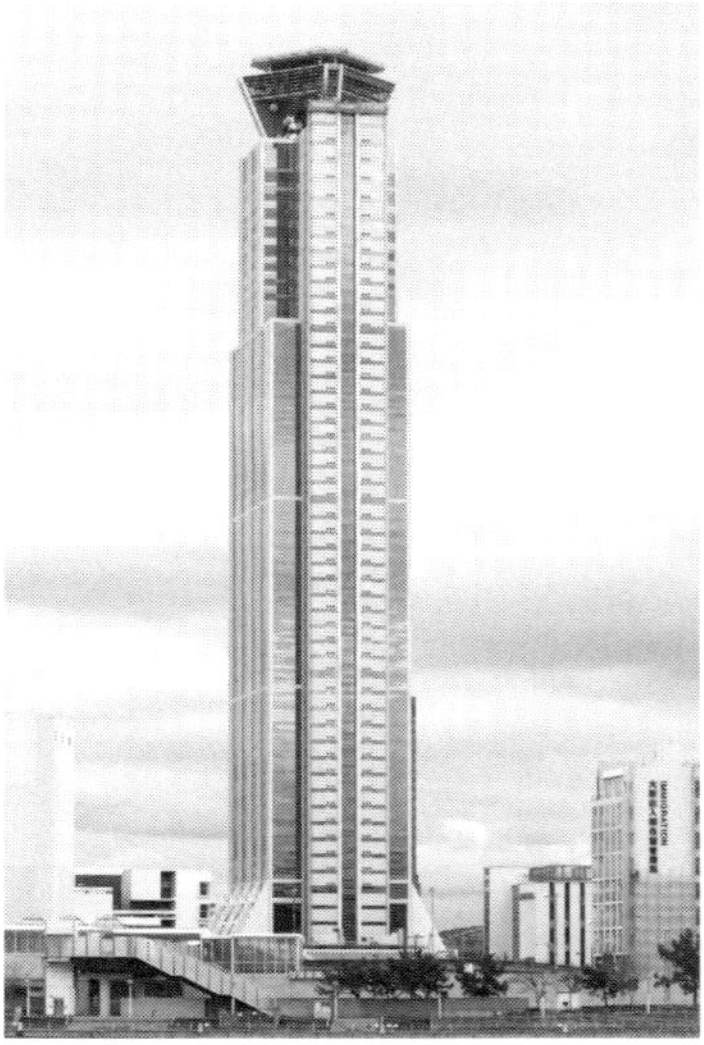

写真左は大阪市の主導で1995年大阪市住之江区に建設された大阪ワールドトレードセンタービルディング（WTCタワー／現名称は大阪府咲洲庁舎）。高さ256m。写真右は大阪府の主導で1996年大阪府泉佐野市に建設されたりんくうゲートタワービル（現名称はSiSりんくうタワー）。高さ256.1m。写真：時事

さて話を東京に戻しましょう。東京では、23の区という基礎自治体と、「都下」と呼ばれる23区周辺の市町村を都が掌握する形で、行政が行われています。

ところが、大阪では周辺自治体のプランニングは大阪府主導で行えますが、大阪市内の決定権は大阪市が握っています。「大阪都構想」は反対勢力から、「大阪市解体構想だ」と批判されましたが、この批判は皮肉なことに「都構想」の意味を完全に言い当てていたのです。

大阪市を5つの「区」という基礎自治体に分割して、広域行政を府に一本化することが「大阪都構想」の本当の目的だったのですが、大阪府民に大阪都構想の意味を説明するのを放棄した地方政治家やメディアの責任は重いです。まあ、メディアの中ですら、分かっている人はほとんどいなかったんですけどね。

第2章

広がる重苦しい感情

上級国民への怨嗟

2024パリオリンピックの開会式で、ルイ16世の王妃マリー・アントワネットが赤い煙幕と赤テープに彩られた自分の生首を持って歌う姿を見ながら、私は高校時代を思い出していました。

マリー・アントワネットと言えば、フランス革命でギロチンにかけられた悲劇の王妃ですが、私が高校生のころに世界史を担当していたT先生は、1年間の授業すべてをフランス革命の解説に費やすので有名でした。

「この先生の授業じゃ大学受験はムリ」

と考えた生徒たちが、担当じゃない他の先生に補講を願い出るなどフランス革命ばりの反乱にさらされていたT先生ですが、今から思うとT先生には「フランス革命こそ、我々が享受する自由と人権の原点」という思いがあったのでしょう。

ギロチンの露と消えたマリー・アントワネットらは気の毒ですが、フランス人や西欧諸国の人にとっては、「あの革命があったからこそ、今の我々の生活がある」とい

マリー・アントワネットも投獄された、セーヌ川のシテ島にある旧監獄コンシェルジュリーで披露されたパリオリンピック開会式の一幕。写真：DPPI via AFP

う思いが強いのだと思います。

今回の開会式の演出を見ていて、ぼんやりとそんなことを考えました。

それにしても、今回の演出を見ていて改めて思いましたが、いわゆる庶民が持つ「上級国民」に対する怨嗟《えんさ》の思いは強烈です。

普段はそんな強烈な情動、法と理性と合理性によって抑えられているわけですが、いったん歯止めが取れると、庶民は情動の赴くままに「上級国民」と見なした人々の殺戮を始めてしまいます。

そんなことを私が考えるのは、目の前で血煙に包まれるマリー・アントワネットの処刑が今でも半ば肯定的に扱われ、実際に処刑された当時には、ギロチンの周りで庶民の歓声がとどろいた様を思い浮かべるからですが、直近に旅行したカンボジアの印象が、それ以上に強烈だったことも理由の一つです。

わずか半世紀前の大量虐殺

1976年にカンボジア全土を掌握したポル・ポト率いるクメール・ルージュ（カンボジア共産党）は、徹底的に「上級国民」の殺戮を行いました。クメール・ルージュは中国共産党の影響下にあり、中国で数千万人が餓死する結果となった「文化大革命」と「大躍進」政策を模倣して、クメール・ルージュの支配が確立する前にカンボジア社会で重要な社会的地位を占めていた人々をほぼ全員殺害してしまったのです。

その中には医者や教師も含まれていました。我々が学生の時代には、卒業式当日に、嫌われていた先生が卒業生たちに襲われる「お礼参り」という慣習がありましたが、言わば「国民的お礼参り」が組織的に行われて、ただぶん殴るだけじゃなく、拷問の末、全員殺害するという暴挙が行われたわけです。

このルーツになった中国の文化大革命でも似たようなことが行われました。その惨事を描くことは現代の共産主義政権下の中国でも認められているようで、近年中国で大ベストセラーになった『兄弟』や『三体』という本の中でも、文化大革命はかなり否定的に扱われています。

文化大革命を指導した毛沢東は今でも中国の英雄として天安門広場に巨大な肖像画が掲げられていますが、文化大革命という政策自体を否定的に文学作品で描くことは現代中国でも認められているようです。**あくまでも「今は」という条件付きで、今後政権の方針が変わるとどうなるか分からないのが中国の恐ろしさですけどね。**

中国の文学者が、どこまでの記述が当局の許容範囲なのか、ものすごく気を使って作品を書いているのが、最近の中国の小説を読むとよく分かります。

ただ、さすがに人口が多いせいか、才能のある小説家も出ていて、中国のベストセラー小説の中にはかなり面白いものがあります。『三体』なんか、かなり無茶苦茶なストーリーですが、最新の量子論からナノテクノロジーの知識までが作品中に網羅されていて、現代中国における科学技術の知識の広がりに驚きます。これら、フランス、中国、カンボジアに比べると、日本の庶民は穏やかに思えます。

でもねえ、「庶民」の怨嗟の声は、「上級国民」をリアルに殺害しないまでも、同じような雰囲気が日本国内に満ち始めているのを感じるのです。

大分前の話ですが、池袋でプリウスが暴走して幼い子どもと母親が轢死しました。この車の運転席に座っていた元官僚の「上級国民」は、ネットの「匿名庶民」に徹底的に叩かれました。私は、この男の責任と同時に、長年日本の自動ブレーキ開発を妨害してきた日本の役所も同時に非難の対象になるべきだと思います。

この車のメーカーは交通安全祈願の寺の設立に莫大な予算を使う一方で、自動ブレーキや自動運転を嫌う国の政策に従って、他のメーカーほど積極的に自動ブレーキを搭載していなかったのは事実です。「寺を作って安全祈願するより、実際に事故を防げる自動ブレーキの開発に金使え！」と思います。

現代の日本で、ポルポト政権下のカンボジアやフランス革命で起きたような「上級国民」への大量殺人が起きるとは思いません。しかし、近年の急激な日本の格差拡大の中で、池袋の交通事故における元官僚や、引退や事実上の引退を余儀なくされた芸能人、兵庫県知事などに対する庶民の怒りや不満の声を見聞きすると、**「日本でも庶民のイライラが急激に高まっている」と感じるのです。**

クメール・ルージュによる虐殺犯罪の被害者を展示する施設。2008年撮影。写真：AFP ＝時事

庶民の怒り自体は、常に潜在的に存在します。しかし、その潜在的な怒りや不満に何かの拍子で火が付いた瞬間に、社会は暴走を始め、当事者は正常な善悪の判断を失ってしまいます。

カンボジアでポルポト時代に虫ケラのように殺害された人々の人骨の山を見て、この殺害に加担したのが普通の庶民であったことに改めて愕然とします。しかし似たようなことは歴史上たびたび起きています。

日本人だけが例外、であればいいと思いますが、私は決してそう考えていません。

株価暴落

イエス・キリストは新約聖書の中で何度もこう言っています。

「富める者はますます富み、貧しい者は持っているものまでも奪われる」

2024年8月の株式相場を見ていてつくづくそう思いました。

リスクが取れる「富める者」は、暴落がいったん落ち着いて「ここが底」と見たときに株を買いに行きます。「貧しい人」は、「これから株が上がるだろう」と思っても、少ない資産をリスクにさらすことを恐れて買いに行けません。

日本の株取引は昔に比べてイメージが好転していますが、それでも「額に汗して働いて稼ぐ」という日本の伝統的な価値観からは白眼視される傾向があります。「富める者」にとっては「失ってもいい」程度の金が、貧しい人には「生きるための大切な資金」だったりしますから、万一でも失うわけにはいきません。

この状態で勝負に行く貧しい人も少なからずいますが、失敗すると一家離散の憂き目に遭います。また、この精神状態だとより多くの利益を得ようとしますから、売りどきを逸して結局損をすることになります。カジノやパチンコで「勝ち逃げ」できない心理が、まさにこれです。

宝くじなどのように客の当せん確率が極端に低い賭けと違って、カジノの胴元の勝率は客より数パーセント高いだけですから、客は少し運がいいだけで収支プラスの局面がやってきます。ここで勝負をやめて帰路につけば客は儲かりますが、「さらに儲けよう」と勝負を続けていると、わずかとはいえ胴元（カジノ経営側）の勝率がいいわけですから、確率論に支配されて、結局、客は一文無しになってしまいます。

カジノで確率論から導き出される数字よりはるかに多くの利益をカジノの経営側が得られるのは、この心理によるものです。また、客がたとえ一日の勝負で勝てたとしても、何回も通っているうちに、本来の確率に結果は収束していきますから、客の収支はやがてマイナスになります。

もちろん、客の上手いヘタはありますから、わずかに胴元側に有利なだけの確率を覆せるだけの勝負勘と腕、情報を持っているプロのギャンブラーは安定して勝てる可能性があります。

しかし、「自分がその一人だ」と思うのは危険です。多くの人は心理戦と確率論

で、カジノの席に座る前に勝負がついているのです。

株取引における心理はギャンブルに似ています。
なけなしの金で勝負する人は、より多くの利益を得ようと粘りますが、勝負する時間が長くなると次の暴落局面で持ち株をパニック売りする可能性が高まります。株がギャンブルと違うのは、年単位の長い目で見ると、預貯金よりも利回りが良く、インフレに強いことを歴史が証明している点です。
ギャンブルのように「確率論的に必ず客が負ける」ようには、株のシステムはできていません。だから先述の暴落で資産を目減りさせた皆さんは、短期間の損得に一喜一憂せずに年単位で株を持ち続けるべきです。

問題はそうする余裕のない人の場合です。

さっきのキリストの言葉に戻りますが、富める人は「今が底」と判断したら「ダメ元」で勝負に出られますし、資産を減らしても「そのうち回復するだろう」とパニック売りをせずに済みます。もちろん株価の回復までには何年も要することがありますが、「富める人」はそんなこと気にしません。

結果的に「富める人はますます富み、貧しい人は持っているものまでも奪われる」ことになるわけです。イエスの言葉は、社会の真実と人間の心理をズバリ言い当てています。

急変動続く株式相場を見る前に

２０２４年8月の暴落劇は、アメリカ経済の変調がニューヨークの株式相場を引き下げたのがきっかけでした。アメリカでは、暴落の直前に「失業保険の申請数」等の雇用や消費にかかわるいくつかの数字が公表されたのですが、この数値が事前の予想より低く、「アメリカの経済は明らかに減速し始めている」と思った市場参加者がリスクのある株取引から手を引いて株価が下がり、それが世界に波紋を広げたわけです。

アメリカの景気が減速して「インフレ圧力が弱まる」と当局が判断するとインフレ対策で引き上げられてきたアメリカの金利は引き下げ方向に向かいますから、円金利の上昇とあいまって、日米金利差縮小の思惑からドルに対して円の価値が上がります。これが急な円高（と言っても、株式下落の影響を受けた2024年9月当時で歴史的な140円台の超円安ですけどね）になり、日本円で株などに投資していた外国人投資家が、為替差益を狙って株を売って得た日本円をドルに換えて、株の値上がりと為替差益の両方で儲けたわけです。

もちろん、円高の背景には日銀の利上げの影響はありますが、日銀の短期金利のわずかな引き上げがニューヨークの株式相場に大きく影響するとは考えにくいです。

この暴落劇の解説をいろいろ見ていて面白いのは、いわゆるアベノミクスを支持し「国債を発行してお札を刷ってばら撒け」と主張していた株屋さんやエコノミストは「日銀の金利引き上げの影響で株が下がった」と言いますし、国債原資の財政出動に批判的だった人々は「アベノミクスで膨れ上がっていた株価が破裂しただけで、日銀の直近の政策変更は関係ない」と分析しています。

私の立場は後者に近いですが、真実は常に中間にあるとも言います。

でもねえ、つくづく思うんですよ。**最近肩が抜けて、腰痛が酷くなり、大根食べて気を失い、皮膚に潰瘍のようなものができて「皮膚がんで死ぬんじゃないか？」など**

と考えている身からすると、「金なんか持ってても、あんまり人生に意味はないなあ」って。

新約聖書の中でイエスはこうも言っています。

「**金持ちが天国に入るのは、ラクダが針の穴を通るよりも難しい**」

だから西欧の金持ちは死ぬ前に、教会などに多額の寄付をするのです。こうした寄付のせいであの壮麗なバチカンの建物が立ち、その中に住む貴族のような聖職者たちを見るにつけ、「彼らのことは信用できない」と思いますけどね。何せ我が辛坊家は代々浄土宗ですから。

来世と現世

２０２４年8月、猫に感染するウイルスの専門家で、新型コロナウイルス騒動で脚光を浴びた元京大准教授・宮沢孝幸先生が主宰するYouTubeチャンネルにボランティアで出演して来ました。

私はこの先生が大好きなのです。なぜかというと「そこまで言って委員会」の司会時代、司会者の立場からすると先生は理想的なコメンテーターで、大変お世話になったからです。

私、元々人の心を読むのが得意で、目の前にいる人が何を考えているのか大体分かります。だから嘘をついている人やポジショントークをしている人はすぐに分かるのです。

ところが宮沢先生は嘘をつきません。先生が口にすることが客観的に見てすべて正しいかどうかは別の議論ですが、とにかく、宮沢先生は自分が思うことをオブラートに包まず、自分の立場などを一切考えずにしゃべってくれるのです。

これが多くの視聴者にウケます。みんな、嘘やポジショントークに辟易としていますから、「ホンモノの本音の発言」は視聴者もすぐに分かるのです。

しかし、これは宮沢先生のような立場の人には、本人にとってかわいそうな結果を招く可能性があります。宮沢先生の周りにいる他の学者や先生にとっては、宮沢先生が本質を語ることは不快なのです。

このあたりの構造について、宮沢先生ご出演の一回目の際に、私はスタッフの一人にこう言ったことを鮮明に覚えています。

「宮沢先生って、俺の立場からすると理想的なゲスト、コメンテーターだが、いくら京大が自由な校風とは言え、しょせん役所に過ぎないわけで、番組出演で本人に迷惑がかかることを考えると、このまま発言を続けてもらっていいものだろうか？　番組スタッフは、出演の結果起きることについて責任を取るつもりがあるのか？」

「そこまで言って委員会」の中核制作メンバーたちは、他の番組のスタッフのように「目の前の番組が面白ければいい」という発想で仕事はしていません。これはこの業界ではとても稀有なことです。

コロナが終息してからも、ときどき宮沢先生にご出演いただいていることに、この先生を「売り出した」責任者たちが、その後に京大を追われることになった先生の「面倒を見る」という気概を持っているのを感じます。

この番組の凄いところは、番組出演期間中に亡くなる人が多い点です。「付き合い始めたら最後まで面倒を見る」というスタッフの愛情の表れです。

さて、ここからが本題です。

宮沢先生のYouTube番組でとりとめのない話をしている中で、先生が浄土宗の熱心な信徒で、「生まれ変わり」を信じているのを知って驚きました。

我が辛坊家も代々浄土宗ですが、私は全く信じちゃいません。一般に妻と呼ばれる「デカいペット」の祖父は、某民族団体の主宰者で真言宗の僧侶でしたが、義母、義父は縁のあった曹洞宗の僧侶に送ってもらいました。私が死んだときにはたぶんこの僧侶が呼ばれるでしょうが、正直私はどこでも全く気になりません。そんなもの全く信じちゃいませんからね。**私は、昔テレビでインドのサイババが死んだときに、「さんざん人心を迷わしてきたこの男は間違いなく地獄に落ちる」と言いましたが、当時は全く問題になりませんでした。**

日本のいわゆる「霊能力者」も間違いなく地獄で苦しむことになるでしょう。宗教なんて信じてないのに「地獄」を口にするのは矛盾していますけどね。

階層の二分化が続く日本

そんな話はともかく、宮沢先生がどんな宗教を信じようと「どうぞご自由に。来世を信じてください。それで現世をよりよく生きられるなら、それも生きる知恵ですから」と思うだけです。

ただ、問題は、先生が研究室で恵まれない待遇で働いている若い研究者たちに「今が辛いのは分かる。でも真理を追究していけば、来世ではきっといい人生が待っている」と説いているのを知って、正直愕然としました。

それはすなわち、日本の若手、中堅研究者が「来世」にすがらざるを得ないくらい厳しい環境に置かれている状況を意味するからです。私は思わず、「先生、現世で幸せにしてあげましょうよ」と口にしてしまいました。

でもこの私の言葉は、先生には辛過ぎたかもしれません。先生だって、自分の研究室で働く若い才能ある人たちの待遇は改善したいに違いありません。それができない苦しさが、「来世」に期待することでしか解決しないなら、先生だってどうしようもないですからね。

同時に、この収録では、先生から、優秀な研究者が多額の報酬を得て中国等に引き抜かれていく実態が明らかにされました。先生は「自分は来世でも日本人に生まれ変わる」そうで、そのために曲がったことをするつもりはないそうですが、来世より現世に期待する優秀な研究者や技術者が「年収３０００万円」程度のはした金で中国等に技術ごとヘッドハンティングされている日本の現状は、間違いなく日本の将来を暗くします。

月に一度「かつての途上国」を中心に世界を回っている私の目には、日本の問題点がハッキリ見えます。宮沢先生の研究室で働く人々のような「インテリ中間層」の待遇が日本ではあまりに悪すぎるのです。

日本では中間層が没落して下位所得層に転落し、超富裕層と大多数の準貧困層に社会が急速に二分化され始めているように感じるのです。

幸い日本では「準貧困層」でも食うに困るほどではないし、医療制度や年金制度が今のところ健全なので、大きな社会問題になるのは防げていますが、制度の持続可能性に、近年私は強く疑問を感じるようになりました。

この状況を放置すると、優秀な人材が他国に流出し、日本にいるのは超富裕層の日本人と外国人、そして多くの「来世に期待するしかない」貧困層ばかりという事態になります。

ホント、日本はこのままじゃマズいですよ。

日本最大の問題

これは立場によっても年齢によっても全く違うでしょうけど、最大多数にとっての最大の問題は「年金」だと思います。これについては若い人ほど危機感を持つべきです。

今、ゆっくりと年金改革が進んでいて、政府、厚生労働省が向かう方針は見えてきました。ところが今すぐに制度変更すれば、将来の傷は少なくて済みますが、政治的にゆっくりとしか改革できませんから、**政府が目指す最終形にたどり着いたころにはしわ寄せが進んで、かなり悲惨な年金制度になりそうなんです。**

少なくとも今の多くの高齢者は逃げ切りに成功しそうですし、現在50歳を超えるような皆さんで、厚生年金の受給資格がある人はギリギリ死なない程度の老後を迎えることができるかもしれませんが、それより下の皆さんは厳しいでしょうね。

これは国家公務員にも言える話なので、政府や厚生労働省の職員も自分の話として考えたほうがいいんですが、組織の中に入ると、組織の意思に従うように訓練されてしまうのでまともな判断ができなくなってしまうのです。

昔は、国会議員は10年勤めると生涯食うに困らない議員年金が支給されていましたが、今では多くの国会議員は現役時代に私腹を肥やさない限り、落選した瞬間に国民年金だけの老後が待っています。

「元国会議員の中には生活保護で暮らしている人がいる」という話は国会周辺でよく聞きます。国会議員も自分のこととして年金問題を考えるべきなんですが、多くの国会議員はそれを考えられるほどの知識も能力もないのが現実です。

日本の構造的問題に、「本当に賢い人が官僚にならなくなった」問題があるという話は前にしたことがありますが、「賢い官僚」は、長年「賢い政治家」の供給源でした。ところが、供給源の官僚の質が急低下してしまいましたから供給先の政治家が劣化してしまったのも当然でしょう。

本当に賢い人は、グーグルやアップル、外資系コンサル、外資系金融などにどんどん就職してしまいます。これらの会社の賃金は日本の会社のX倍という時代ですからね。

これらの会社が構造的に伸びるのは「優秀な人が集まる」という背景があるからで

す。日本の官僚の質は目に見えて衰えてしまいましたが、権限は昔通りあります。日本の諸制度がうまく構築されないのはこういうわけです。

年金なんかその典型です。頭の悪い官僚も、将来自分自身がエライ目に遭うのは分かり切っているのに制度の見直しができないのですからね。

さて日本の年金については、その持続性が問題視される一方で、問題の本質については無視されがちです。**それは、現状において多くの高齢者が「年金だけで何とか暮らせている」からです。**

ただし、これは厚生年金の話で、国民年金だけで暮らせている人は相当に生命力の強い人々です。国民年金の支給額は、月額最大6万5千円ほどです。これで家賃を払って食費を賄える人はスゴイです。逆にそういう人がいるので、厚生年金受給者は、「我々は国民年金受給者よりマシ」と考えて、年金額が低くても社会不安の原因にならないわけです。

「より低い身分の人を作ることによって民衆の不満を逸らすための江戸時代の身分制度」、それが国民年金制度が温存されている最大の理由なのかもしれません。

日本の年金額は、欧米先進国に比べて、厚生年金でも相当低いのです。日本では一応国家公務員と民間会社員の年金は一本化されたことになっています。しかし、年齢によりますが、共済年金時代の年金制度を受け継ぐ公務員の方が年金受給額は高いです。

その国家公務員の年金ですが、例えばアメリカでは円換算で年間1200万円を超えています。イギリスやドイツも同様で、軽く日本円換算で1000万円以上あります。フランスはそれらの国より低いですが日本より3割くらいは高いです。

何より重要な「現役世代の所得に比べてどのくらいの金額が支給されるか」という「所得代替率」を見ると、各国軒並み60～70％台です。年金世代の多くが子育てを終わっていることを考えると、これらの国の高齢者は、現役時代と変わらない生活を生涯続けられるのが分かります。

年金制度の大変革はいつ行われるか？

なぜ、これが実現できるのか？

実はアメリカにもイギリスにも定年という概念がありません。ドイツには定年がありますが、今、65歳から67歳に引き上げ中です。

つまり年金の高い国では、高齢者が年金を受け取り始める時期が遅く、そのため短期間に集中的に年金が支払えるのです。

日本の年金の所得代替率は今50％台後半ですが、これから徐々に引き下げられていきます。制度的には50％を下回らないことになっていますが、この50％は「専業主婦の基礎年金を合わせた世帯年金収入」で、まさに「机上の数字」です。

個人で見ると、近い将来「所得代替率」は確実に30％台になります。個人で見たとき、受け取れる年金額は現役世代の30％台というわけです。年金生活に入った瞬間に、多くの人は生活水準を相当落とさなくてはならない現実がそこにあります。

日本政府が考えている年金の将来像は明らかです。

まず、日本の定年を完全に65歳にして、支給開始年齢を少なくとも67歳以降に引き上げます。国民年金制度は、「下がある」ということをマジョリティの国民に見せるために温存します。専業主婦が年金掛け金を払わずに基礎年金を満額もらえる「第3号被保険者制度」は廃止して、基本的に勤労者すべてが厚生年金に加入するようにします。

外国人労働者を増やして、彼ら、彼女らからも年金保険料を徴収します。

ただし、これについては、円安と日本周辺国の賃金急上昇で、日本で働く外国人が政府の思惑通り集まるとは私には思えません。何せ現在、外国人労働者を含む韓国の最下層労働者の賃金は月額30万円近くですからね。シンガポールなんか、その倍です。

私は日本の高齢者の貧困を避けるためには、少なくともここで書いた施策に反対ではありません。また、国民年金制度は廃止して、厚生年金に一本化すべきだと思います。この際、厚生年金における「企業負担分をどうする」という問題が生じますが、解決法はあると考えています。

問題はスピードです。今の改革スピードだと、制度が完成するころには、クッションとなる積立金などの原資が尽きて、年金支給額はさらに細らざるを得ません。つまり今の50歳以上は逃げ切りに成功しても、若い皆さんが高齢者になるころには悲惨な老後が待っているということなのです。若い人ほど、この問題は深刻にとらえるべきです。

「年金なんかなくても老後は大丈夫」と若いうちは思うのです。でも実際歳をとると、「年金が無ければ餓死する」という現実に気が付きます。気が付いたときには遅いのです。実は医療に関しても全く同じことが言えます。

本来ならこんな話こそ選挙のテーマになるべきなんですがねえ。

若者たちの怒り

先日、20代前半の若者と話していて、「**あんたらの世代がこんな日本にしたのだ。**汗水たらしてフルタイムで働いて月給20万円しかもらえないっておかしいだろ」と言われてしまいました。

若い人がこういう言い方をするのはある種「若い人の伝統」かもしれません。**私も若いころに中高年の先輩方に「まともな人は大戦でみんな死んでしまい、ろくでもないヤツだけが残った」と言って顰蹙を買ったことがあります。**

私が若いころに社会の主役だった人々には皆従軍経験がありました。第二次大戦中に日本兵だけで２００万人以上死んでいますが、生きて帰った人のほうがはるかに多かったのは事実です。

そういえば昔テレビを見ていて、とあるトーク番組で真珠湾攻撃の話になり、攻撃に参加した経験があって、戦後国会議員を務めたこともある源田実という人物が、「出撃の朝、ホントに透き通った気持ちだった」などと回顧したところ、隣に座って

自衛隊の合憲性が争われた長沼ナイキ訴訟の第６回口頭弁論に、証人として出廷する元航空幕僚長の源田実参議院議員。1970年札幌地裁前で撮影。写真：時事

いた作家の野坂昭如さんが、「アンタは透き通った気持ちだったかもしれないが、その日に突然攻撃されて殺されたアメリカ人の気持ちはどうなるのだ！」と突然怒り出しました。

またあるとき、他のテレビ番組で野坂氏は「**麻薬が禁止されているのは、麻薬なんかやって国民が気持ちよくなると働かなくなって、為政者が困るからだ。麻薬なんて禁止すべきじゃない**」と発言していて、私は子ども心にかなり驚きました。

昔のテレビって相当自由でした。公人などに「政治的に正しい」発言を求める「ポリティカルコレクトネス運動」の発

祥の地はアメリカですが、アメリカのテレビは日本よりずっと発言の許容範囲が広いです。白人至上主義者のグループリーダーが堂々と「差別的発言（彼らからすると正当な主張）」をテレビでしますし、日本では同義語が「絶対的放送禁止語」である「クレイジー」なんて言葉も普通に使われています。

下がり続ける円の価値

さて話を「20万円でやってられるか」という件の青年の発言に戻します。

正直私が思ったのは、「嫌なら転職したら」でした。言いませんでしたけどね。

日本ではまだまだ終身雇用の維持に精神的プレッシャーを持つ人が多いですし、実際問題として労働の流動化は進んでいませんから、辞めたからといって今より条件のいい職場が見つかるとは限りません。

それに先の総裁選の際に「転職しやすくする」的な発言をした小泉進次郎が一部ネット民に袋叩きに遭っていました。そんな意識の人が少なくない日本で、転職はそう簡単ではありません。それにしても、これだけ物価が上がっている時代に貨幣価値の下落に見合う賃上げもできないようなダメな経営者は頭を丸めて放浪の旅にでも出るべきでしょう。

日本の間違いは、この種のダメ経営者に低金利と補助金を与えて市場に囲い込んだことです。そのために有為な経営者が圧迫されて育たなかったんですね。それでも孫正義氏、柳井正氏など成功した人はいますが、ホリエモンなどは簡単につぶされてしまいました。日産のカルロス・ゴーンなんかも私は同じ文脈でとらえています。

問題は「20万円」という金額にはありません。20万円の月給でも、2000万円で十分な広さの家が買える状況なら問題はないのです。

今や東京都内のマンション価格は1億円超えが当たり前ですが、私が東京に住んでいた2000年代初頭、フジテレビのあるお台場界隈の中高層マンションの値段は2000万円台でした。これは当時でもかなり安く、私も買おうかと思ったんですが、当時けっこうな額の家賃補助をもらっていたので買いませんでした。今から思うともったいなかったですね。

2000年代初頭と比べて、テレビ局で、フリーで働く外部スタッフの賃金はほとんど変わっていません。つまり「マンション価格」を尺度にすると、今のテレビ界隈で働く外部スタッフの待遇は5分の1ほどに切り下げられてしまったということなのです。テレビ界隈じゃなくても、一部の儲かっている外資系の会社以外、状況は同じでしょう。

「20万円」が問題なのではなくて、「20万円」の価値が下がってしまったことが問題の本質なのです。

こうなった背景にあるのは異常な長期の低金利政策と国債の実質日銀引き受けによる通貨増刷による財政出動です。こんなことを続けたら通貨の価値が落ちて酷いインフレになるのは目に見えています。

一時期ネットニュースで、私がタワーマンションを中心にたくさんの不動産を持っていると報じられましたが、背景にあるのはこのインフレ問題です。

ちなみに私は投資や投機のための不動産購入はしません。必ず「自分が住む」目的で家を探します。8年ほど前に大阪中之島のマンションを買ったのは、当時無性に一人暮らしがしたくなり、「自分で住んで気持ちのいいマンション」を探して衝動買いしてしまいました。

それから8年、いろいろあって一人暮らしを諦めて、淀川花火大会観覧にしか使っていないマンションを売りに出しました。なんと提示された売却価格は、購入価格の2・5倍でした。

これは間違いなく異常です。結局、「どうせ全部税金で持っていかれるだけ」と思ったこともあって、そのまま放置してあります。

若い人が「こんなんじゃ、やってられない」と怒る気持ちはよく分かります。

しかし、その現状の背景に「国債財源の財政出動」という「施し」に慣れた日本の心性があることに気が付くべきです。

追悼、森永卓郎さん

２０２５年1月、森永卓郎さんが亡くなりました。合掌。

それにしても、最後まで言いたいことを言い続けた森永さんはホント偉いですね。**何より最後まで怒りを持ち続けたことに心から敬意を表します。**

もちろん、晩年に言っていたことがすべて正しいかどうかは別問題です。確かに今年（２０２５年）、私は株の調整局面が来ると考えていますが、森永さんが生前口にしていたように、「日経平均が３０００円になる」なんてことはあり得ません。

アメリカの株がバブルの状況であるのは間違いないですが、かつてオランダで、チューリップの球根1個で家が買えたほどの「チューリップバブル」などに比べるとアメリカ経済、アメリカの株価には実体がありますから、バブルが弾けても「10分の1」なんてことにはなりません。同様に、日本企業の多くがフラフラであるのは事実ですが、「バブルが弾けて10分の1」は、あり得ません。

超長期的に円と日本が崩壊して、「３０００円」を相対的な金額、あるいは「比喩的表現」と見ると「絶対ない」とは言えないかもしれませんが、このあたりの森永さんの発言は、遺言にしても、本気で額面通りとらえるべき内容ではないのです。

でも、日本経済が楽観できないのは事実ですけどね。

最近の貿易統計を見ていてゾッとするのは、多くの輸出産業が多額の黒字を計上しているのに、輸出量が増えていないケースがよく見られることです。

例えば自動車では輸出台数が増えていないのに、利益が爆増しているケースがあります。これだけ酷い円安になったら、日本製の車は海外で激安で売れます。値引きせずに今まで通りの値段で海外で売れたら、円換算の売り上げは激増します。値引き余地も増えますから、海外での商売はとてもやりやすいのです。これは海外からの観光客にとって、日本の飲食や宿泊が激安になっているのと裏表の現象です。

しかしながら、これだけ格安で海外で物が売れる時代に、数量がほとんど伸びていないのは、ものすごく深刻です。「これだけ安くなっても売れる数が伸びない」という状況なのです。

近い将来、円安傾向が反転した瞬間に、日本の輸出産業が壊滅し、海外投資の円換算のリターン額も減少して、**日本のありとあらゆる経済指標が一瞬で暗転してしまう恐怖を感じています**。

いまだ日本の素材産業は製品の性能が良く、世界に不可欠な地位を維持していますが、最終製品を持っていないと、「世界の下請け」「孫請け」として、「下請け」「孫請け」の悲哀を国全体が味わわされることになります。日本国内では今、イメージの悪い「下請け」の言葉を法律上言い換える方向が打ち出されていますが、それで日本の地位が上がるわけではありません。

価格決定力に欠ける日本

一方で、アップルなどが作り出したビジネスモデルの凄さには舌を巻きます。私は「3S」からiPhoneを使い続けていますが、スマホ上のアプリやデータを簡単に移行できるシステムができて以降、買い替えの際にiPhone以外の選択肢がなくなりました。つまり一度iPhoneの沼にハマると、永遠にその底なし沼から抜けられなくなるわけです。

同様の商売は他でも行われていて、私が最初にYouTube動画を撮りはじめた際にはソニーのアクションカメラを使っていたのですが、ゴープロの便利さに慣れると他の機種に買い替えるモチベーションがなくなり、ときどき機種変更をしながらゴープロを使い続けてきました。

しかし最近、ゴープロを完全コピーしながら、ゴープロを使っていると感じる細かな不満を一つ一つ丁寧に解決した中国製のアクションカメラに出会って乗り換えました。ドローンで世界的に名を馳せたＤＪＩのアクションカメラは、「よくこれで訴えられないな」と驚くほどゴープロにそっくりで、ほぼすべての性能でゴープロを上回り、値段は半分ほどです。

iPhoneを発売しているアップル社は、中国に同じことをされないように、徹底的に特許などで顧客の乗り換えを許さない方策を固めているのが分かります。そうでなければ、中国メーカーが「すべてがiPhoneにそっくりで、性能が上で値段が半分」なんて製品を既に作っているはずです。

iPhoneにせよ、ＤＪＩのアクションカメラにせよ、中身の部品の多くは日本製のはずですが、最終製品を持っていないと、価格決定権を失ってしまいます。日本は規制を使ってＤＪＩドローン等の日本進出を妨げようとしていますが、そんなことをしたら日本国内企業も育ちません。官民挙げて日本を潰そうとしているとしか思えないのです。

それでも、日本のそれぞれの企業が持っている価値、資産と発行済み株式総数を調べると、日本の株価の平均が今年や来年に「３０００円になることはない」と断言します。**もしそうなったら、私はパンツをはかずに裸で銀座並木通りをジョギングして、数寄屋橋交番に飛び込んで自分から逮捕されてみせます。**そんなことを予言しても誰も楽しみにしてくれないのが残念です。

亡くなった森永さんをディスろうというのではありません。私は最後まで世の中に怒りを持って訴え続けた森永さんを心底偉いと思うのです。

私は駄目です。何が駄目かというと、最近、何に対しても怒りを感じなくなってきたのです。この仕事をする人間にとって怒りは原動力ですから、それがなくなった瞬間に存在意義はなくなります。私が近年、「もう仕事をやめよう」と固く思い始めたのは、仕事の原動力であるべき「怒り」を失ってしまったからなのです。

例えば例の中居君のケースでも、中居君やフジテレビに対して怒り狂っている人を見ても、「社会的に恵まれない人が、嫉妬心から鬱憤を晴らしているんだろうなあ。人権の観点から、今一番酷い目に遭ってるのは、当該女性と中居君、それにフジテレビの関係者だなあ」としか思いません。

一時、高須クリニックなどを除くほとんどのスポンサーがそんな「怒り」の圧力に負けてスポンサーを降りました。「経営判断、危機管理として正しい」のでしょう。**ただ、そんな判断をする人や企業を私は全く信用しません。**むしろ、数々の「誤報」を意図的に流した週刊誌こそ、広告出稿を止められるべきでしょう。

改めて合掌。

第3章

旅を通じて見えてくる現状

南大東島で覚えた違和感

２０２４年秋、南大東島に行ってきました。

もちろん、第一の目的はYouTube「辛坊の旅」の取材です。現在私のYouTubeチャンネルでは、私の小さなヨットで訪ねる「日本の有人島」シリーズをお届けしています。「私のヨット」というのが原則ですが、「私の船」では絶対に行けない日本の島がいくつかあります。

日本船籍の船は、取得した船舶検査の種類によって航行範囲が定められています。私が太平洋横断のときに乗ったカオリンVは「遠洋」という船舶検査を受けていましたが、現在の船は「沿海」「沿岸」という資格しかありません。「遠洋」の船舶検査を受けていると世界中の海を走れますが、「沿海」「沿岸」では陸伝いに沖縄本島までは行けますが、そこを離れて離島に行くことはできません。

「遠洋」の船舶検査を取得するには、国土交通省の利権としか言いようのない特殊無線機などを積まなくてはならず、手間とお金がとんでもないことになりますから、日本のほとんどのプレジャーボートは「沿海」よりさらに航行範囲の狭い「限定沿海」の資格しか持っていません。

ちなみにこんな制度があるのは日本だけで、日本の領海を出てしまえば正直「関係ないね」という話なのですが、**YouTubeで画像を公開するとなると「なんとか警察」みたいな人のクレームに対処しなくちゃいけなくなって面倒です。**

それに本音を言うと、今乗っている船で南大東島まで行くのは怖いです。「絶対に無理」というわけではありませんが、かなりの冒険になりそうです。そんなわけで、今回南大東島には飛行機を乗り継いで行ってきました。私の船で行けたとしても片道1週間はかかりますから、そもそも船で行くのは現実的な話ではありませんでした。

もう一つ船で行くのをためらった理由には、南大東島の特殊な地形があります。

この島、世界的にも珍しいサンゴ礁が隆起した島で、周囲20キロほどの島全体が海の上に突き出すように存在していて、周囲は全部高さ数10メートル以上の断崖絶壁で囲まれているらしいのです。

そのため、定期船も着岸できず、旅客や荷物を、陸に設置したクレーンで吊って運

クレーンによる漁船の吊り上げ作業が行われる、沖縄県南大東村の南大東漁港。写真：時事通信フォト

ぶという話が有名で、「そんな島に船で行っても着岸できないだろう」と考えたのです。

しかし実際行ってみると、私の想像とは大分違っていました。

テレビ番組でも過去何度か、この島のリポートが行われていて、島全体が断崖絶壁で囲まれていて、定期船から人や荷物をクレーンで運ぶ様子が放送されています。

私も長年「テレビ屋」をやっていますから、テレビがこの島を取り上げるときに、そういう映像を選んで放送するのは理解できます。私がディレクターでもそうするでしょう。

ここにテレビの嘘があります。南大東島が絶海の孤島であることは間違いなく、周囲がほぼ高さ数10メートルの断崖で囲まれているのは事実です。しかし複数の海岸線に降りるルートは存在し、海岸線の地形を利用したプールのようなものもいくつかあって、もちろん人がそこに降りるルートは確保されています。

また小さな漁港もあり、漁船が台風を避けて入港することもできます。

確かに大型船が避航できるほどの入り江はありませんし、岸壁も荒波が打ち寄せる場所にしか作れませんので、私が船長でも、そんな場所に長時間船を係留するのは嫌でしょうね。

でも海が穏やかなときに短時間船を繋いで人や物を下ろすのは、そんなに難しい感じはしません。岸壁には大型の係船用のボラード（船を係留《けいりゅう》するための柱）がずらりと並んでいますから、船を横付けするのは簡単です。確かに外洋から大きな波を受けると船が破損する恐れがありますから、船を岸壁から10メートルほど離して係船するのは合理的判断と言えます。

砂浜のない南大東島で数少ない遊泳場所となる「海軍棒プール」。写真：時事通信フォト

国家の役割を考える

何が言いたいのかというと、テレビは一面を誇張して面白く伝えようとしますから、テレビでクレーンを使って人が行き来する様を見ても、島の実際の生活を知ることはできません。

多くの島民はそもそも不確実性の高い（海が荒れると簡単に欠航してしまいます）船を使わずに、沖縄本島の那覇まで1日2往復ある飛行機で行き来しています。

南大東島の人口は現在1000人ほどですが、最盛期には4000人ほどが、主にサトウキビ栽培などにあたっていたようです。

人口1000人が払う税金で、立派な漁港や大型船の係留施設の整備ができるはずもなく、都市部に住んでいる多くの人々が払う税金が島のインフラ整備に充てられているわけです。

ちなみに、島で得られる淡水だけでは需要を賄えないようで、現在島では海水を淡水化して使っているそうです。正直「この島の維持に一体いくらかけているの？」と思います。

私は、南大東島に投じられた莫大な公共事業費を感じて、「日本はよくできた国だな」と改めて強く思いました。 東京に住んでいる人でも、絶海の孤島に住む人でも同じように、憲法第25条が保障する「健康で文化的な生活」が保障され、個人の力ではまず不可能な港の建設や上水道整備が行われて、安全安心な生活ができるわけですから。

例えばアメリカでは、人口が減って税収が落ちた地域では、教師の給料や学校の維持管理費が払えずに教育システムが崩壊して、校舎も荒れ果てるなんて光景は日常です。

離島の隅々まで国家の恩恵が行き届いて、地方の住民でも都会と同じレベルの生活が維持できる一方、個人所有のプレジャーボートが走れる範囲までも細かく指示される国、それが日本という国です。

これが是か非かを考えることは、突き詰めると、「国という機関が国民生活のどこまで関与すべきか」という哲学に行き着くのです。ようするに「国の役割は何か？」という話です。これこそが国家観なのでしょう。


私は、国家の役割は、「国民の生命と財産を守る」という最小限の役割から逸脱すべきでないと考えていますが、権力者である政治家や役人は、常に自分の権限を最大化しようと考えますから、放置しておくと、国家組織は必ず肥大化します。

もちろん、国家の役割が肥大化すると、それに要する費用も膨らみますから、税金は増えます。

税金を増やさずに国家がお金を刷って使おうとすると（国債の中央銀行引き受けによる財政出動）、必ず通貨価値が落ちてインフレになり、国民の生活は破壊されます。

絶海の孤島、南大東島の海岸プールで泳ぎながら、ずっと「国家とは何か」を考えていました。

私はすべてにおいて、国民生活に対する国家の関与は最小であるべきだと考えています。正直な話、「南大東島に都市住民の支払う税金で大型港湾を作る必要はないだろう」と思うのです。安全保障の要である国境の離島でもありませんし。

今の日本は、国土の隅々まで快適で暮らしやすいですが、この延長線上には、国民の箸の上げ下ろしまで国家が管理する恐怖の未来が待っています。

これは国の管理方針次第で未来像が決まる自動運転車やドローン、空飛ぶ自動車問題などとも密接にかかわってくる話でもあるのです。でも心理学者エーリッヒ・フロムが喝破したように、多くの「普通の人」は、「管理されること」を求めているんですよねえ。私は絶対嫌ですけど。

青森でスノボをやりながら

私が主宰するYouTubeチャンネル「辛坊の旅」では、夏場は「日本の有人島全部回ります」というシリーズをやっていて、冬場にはこれが「日本のゲレンデ全部回ります」に代わります。

ところがこのシリーズ、超不人気でほとんど誰も見てくれません。

そもそもチェストハーネスで撮影したゴープロの映像だけで構成していますから、私が滑っている「客観映像」はありませんし、**たとえあったとしても、素人の滑走シーンにそんなに需要は無いでしょう。**

そもそも道具に金のかかるスキーやスノーボードって、最近の若い世代にはウケないようで「そんなところに金を使う余裕はない」という声をよく聞きます。何かのはずみで経験したのがきっかけでハマる人はいるようですが、その「きっかけ」自体が少ないようです。

ゲームや推し活など、もっと楽しいことがあるのかもしれません。

「コース外への立ち入りは自己責任で」など英語での注意事項が書かれている、札幌市手稲区のサッポロテイネスキー場。写真：北海道新聞社／時事通信フォト

ただ、「若者に金がない」のは事実のようで、２０２５年１月、青森にこのシリーズの取材に訪れた際に飛びこんだラーメン屋のバイト告知は「時給９７０円」でした。青森県の最低賃金は時給９５３円ですから、最低賃金はクリアしています。

ただ、この店のラーメンに私が食べたいトッピングを全部載せたら、１５００円近くになってしまいました。ラーメンを食べながら「このラーメンを運んでくれたバイトの兄ちゃんは、１時間働いてもこのラーメン１杯食べられないのか」と、なんだかとても切なくなりました。

北海道のスキー場がインバウンドの外国人で大変な賑わいになっているのはよく知られていますが、今回驚いたのは、取材したのが青森市内からほど近いローカルスキー場だったにもかかわらず、リフト乗り場には白人が列をなし、中国語と韓国語が飛び交っていたことです。

今回痛感しましたが、青森のスキー場の雪質はとても重く、北海道のパウダースノーとは全く違います。「こんなところで転ぶはずがない」という場所で何度か派手に転倒してしまいました。もちろん、体が硬くなっている上に筋力が落ちていますから、体のコントロールがうまくいかなくなっているのは事実ですが、それ以上に、ボードが雪面に引っかかるんです。北海道のパウダースノーはやっぱり凄いです。

円安でなくても高いものは高い

さて、このスキー場は、現金かペイペイでの支払いしか受け付けてくれず、レンタルスキーのレジで中国人と思われる客が、「カードは使えません。ATMもありません」と言われて途方に暮れていました。クレジットカードすら使えないスキー場があるなんて、デジタル化の進んだ国から来た人は驚くでしょうね。中国では「物乞いすらデジタル端末で金を受け取る」と言われるくらいキャッシュレスが浸透してますからね。

中国に限らず、欧州はもとよりアジアでもキャッシュレス化が急速に進んでいます。コロナ前の時点でアジア最貧国と言われるラオスのショッピングセンターで電子マネーしか使えなかったのには衝撃を受けました。

ちなみに昨年から今年の年末年始を過ごしたアメリカでは、結構キャッシュが使えました。１ドル１３０円くらいのときにタンス預金をドルに換えていたので、海外旅行時に、その日の為替を気にせずに済むのはありがたいです。空港で両替すると１ドル１６０円を超えますからね。

ただ、ロスの空港で小さなグミのパッケージを買おうとしたら12ドルだったので、さすがに買うのをやめました。お菓子の小さなグミ１袋２０００円は異常でしょう。

１ドルが50円くらいの円高になっても、この「海外に出るといろいろ高いなあ」という感覚はなくならないでしょう。でも今の超円安で何とか商売できている輸出業界は、１ドル50円の円高になったら壊滅するのは間違いありません。今の円安は自動車を始めとする輸出産業にとっては麻薬みたいなもので、潮目が変わった瞬間に命運が尽きます。最近輸出は確かに好調ですが、この好調が、円安だけが理由なら日本の未来は暗いと言わざるを得ません。

一方でこの円安が続く限り日本の物価は上昇を続けるしかなく、賃金や年金が貨幣価値の下落に見合うほど上がらない人々は貧しくなるしかありません。

深刻なのは、「将来のために」と頑張ってお金を貯めていた人の運命です。激しいインフレというのは、通貨が紙くずに近付く現象ですからね。

正直者が馬鹿を見る社会の到来

インフレにまつわる有名な話に、ドイツの兄弟のエピソードがあります。兄は大酒のみで素行が悪く、稼いだ金で毎晩酒を買って酔いつぶれ、空き瓶をベッドの下に投げ入れていました。素行のいい弟は稼いだ金をせっせと貯金していました。

ところが第一次世界大戦に負けたドイツでハイパーインフレが起きてしまい、弟の貯金は一瞬で紙くずになってしまいますが、兄はベッドの下に投げてあった空き瓶を

1923年、マルクの平価切り下げが行われ銀行の地下室に積み上げられた紙幣。価値は1兆分の1まで下落した。写真：Roger-Viollet via AFP

売って大儲けしたそうです。

日本でも同じことが今起きています。今から10年前、浪費癖の姉が、稼いだ金で次々ブランド品を買いあさっていたとします。この間、堅実な妹はせっせと貯金に励みました。

10年前に比べて、ブランド品の中には数倍の値上げをしたところも珍しくありません。ちなみに私が結婚した30年ほど前、妻に贈ったブルガリの通称「スネーク」という指輪（後にトイレの洗面台に置き忘れて失くしてしまいました）は、当時30万円台でしたが、今似たものを買うと150万円ほどします。

経済実態を知らない一部の愚かな「識

者」は「30年間物価が上がっていない」なんて言いますが、都市部の不動産やブランド品などでは確実に「バブル」が生じてしまいました。これが「金融緩和」の当然の帰結であるのは言うまでもありません。

「識者」たちには、「目を開けて実態を見ろ！」と言いたいですよね。

ウチのカミさんの話はともかく、さっきの譬え話です。堅実な妹の貯金はどんどん目減りして、今や、ブランド品なんか全く手の届かない世界になってしまいました。その一方で、浪費癖のある姉は、ブランド品買取業者に、買ったときより高い値段で売ることに成功するでしょう。インフレ下では、まさに「正直者が馬鹿を見る」のです。

高度成長が終わったころの日本には「一億総中流」の幻想が広まっていました。確かに当時は大会社の社長でも年収５０００万円程度で、平社員の給料の20倍くらいがせいぜいでした。

ところが今や大企業でトップの年収は「億」どころか「10億」単位で数えられる水準になってきています。アメリカなどはもっと酷く、イーロン・マスクの年収は実に

8兆円を超えています。

日本はこれに比べればマシですが、大企業のトップが億単位の年収を得るのは珍しい光景ではなくなりました。その一方で1時間働いてもラーメン1杯食べられない層が増殖しつつある、これが現代日本の姿です。

高度成長期前に勢力を拡大した左派の皆さんの決まり文句、「ブルジョアジー（資本家）」と「プロレタリアート（労働者）」の階層分化が、亡霊のように現代に蘇りつつあるのが私には見えます。

現代日本で「年収1千万円」は高額給与所得者に属するでしょう。しかし、日本ではこの層の税負担と社会保険料負担が極めて重く、この収入でも子供2人を育てるのは容易ではありません。

またこの所得では、東京23区内に70平方メートルのマンションを買うこともまず不可能です。アメリカで日本円換算1千万円の収入では間違いなく「貧困層」です。中国ですら、都市部で年収1千万円では決して富裕層とは呼べません。

新幹線が止まる新青森駅の下の土産物屋街には海鮮どんぶり屋があって、1杯3200円の「極み丼」がインバウンド観光客に「安い！」と、飛ぶように売れていました。その一方で3時間働いても、この丼を食べられない人が日本にいるのです。
この現実が為政者に見えているとはとても思えません。

ロスアンゼルスで見た光景

２０２４年暮れから２０２５年の初めにかけて、カレンダーの並びが良く、社会人になっている３人のアホ息子どもと一緒に9連休が取れましたので、普段行くことのできないアメリカ東部フロリダと西部カリフォルニアを訪ねました。

フロリダ半島の緯度は一番低いところで北緯25度くらいですが、私たちが訪れた中部オーランドはかなり気温が低く、短パンとTシャツでは震えるほどでした。

カリフォルニアも南国イメージですが、ロスアンゼルスの緯度は約34度と、四国の香川県とほぼ同じです。海流の影響などで、香川県よりは暖かいですが、「冬」であることには違いありません。

フロリダというと、アメリカ大統領に返り咲いたトランプさんの別荘がある場所ですが、空港の土産物店では数種類のトランプTシャツが売られていました。**トランプTシャツが22ドルくらいなのに、落選したハリス氏のTシャツが7ドルほどで叩き売られているのが印象的でした。**

「2024　ハリス」と顔写真入りでプリントされたハリス氏のTシャツを今更買おうという人は間違いなく少数派でしょうからね。

今回のアメリカ訪問のちょうど1年前、2023年暮れから2024年初めにかけてカリフォルニアを訪れたときには、ロスアンゼルス空港でレンタカーを借りました。しかし、今回はレンタカー代が異常に高くなっていることに加えて、慣れない右側通行が恐ろしかった記憶が残っていましたので、移動はもっぱら一般ドライバーが自家用車で有料輸送するライドシェア大手のウーバーを使いました。

アメリカのライドシェアは、ほぼウーバーかリフトの二択になっていて、空港やテーマパークには、それぞれの専用乗り場が整備されています。ロス空港にはターミナルが9つあるのですが、各ターミナルでウーバーを呼ぼうとすると、スマホのアプリに、空港の一角にあるウーバーの乗り場に行ってから呼ぶように指示されます。

降車のときには、利用するターミナルまで走ってくれますが、乗車の際には、ライドシェア専用乗り場に行かないといけません。そこまでは、空港内を循環する無料バスが連れて行ってくれます。初めての人は戸惑うでしょうけど、一度使ったことのあ

ロスアンゼルス空港でタクシーや Uber の乗車場所 LAX-it まで移動するための無料シャトルバス。写真：イメージマート

る人ならストレスなくライドシェアが使えます。

ウーバーの乗り場は、例えば「4A」「4B」等と細かく区切られていて、自分が呼んだ車がどこに着くかスマホ上に表示されます。ライドシェアのウーバー・テクノロジーズ社がアメリカで誕生したのは2010年ですが、わずか10年あまりで空港などの公共の場に専用乗り場が整備されているのを見ると、アメリカのスピード感が分かります。

ライドシェアの料金は、一般にタクシーよりも安いですが、どんな場所からでも容易に車を呼べて、概ね、タクシーよりも新しくて乗り心地の良い車が来ること、我々のように大きなスーツケースを5つも持った5人連れでも全員一緒に乗れる大型の車を選べるのが便利です。

ライドシェアの値段は、混雑時には高くなりますから、場合によってはタクシーの方が安いこともありますが、便利さは圧倒的です。

ただ今回困ったのは、フロリダのディズニーワールドでの年越しイベント観覧後、午前2時くらいにライドシェアを見つけようとした際に、数10分、アプリが車を見つけられなかったことで、テーマパークの乗り場で寒い思いをしました。

乗客が多いと捕まらないのはタクシーでも同じことですが、このときだけは「レンタカーにしたらよかった」と思いました。ただ、9日間アメリカに滞在して、「レンタカーやマイカーの方がいい」と思ったのは、この一回限りです。

ライドシェアの便利さは圧倒的です。このシステムが本格的に日本に上陸すると、タクシー業界は壊滅的な打撃を受けるのは間違いありません。日本では「タクシー議連」などがあるくらい、タクシー業界から政治に金が流れていますから、既に日本で導入されているライドシェアはタクシー業界が関与する「タクシー事業者の運転手不足を補うためだけのライドシェア」になっていて、一般人が便利さを感じるシステムにはなっていません。ライドシェアをめぐる状況は、日本の他のすべての現状を象徴的に表しています。

「既得権益のための政治が日本のすべての発達を阻害している」というわけです。

日本は、円安の影響もあって、外国人から見るとすべてが「激安」ですが、唯一最大の例外がタクシー運賃です。タクシー料金は明らかにアメリカと比べても高く、日本のこの業界がいかに儲けているか分かります。

日本のタクシー運転手の賃金は、日本の他の職業に比べて決して低くないですが、経営者はそれ以上に儲けているわけです。レストランの食事代などを比べると、例えば東南アジアと日本ではそんなに格差は無くなりましたが（ただし国によります。タイあたりだとほとんど変わらなくなりました。ベトナム、ラオス等ならこれだけ円安の時代でも、現地の方が随分安いです）、移動に要する費用（タクシー、ライドシェア）なら、日本は一桁高いです。

これらの国々に限らず、イギリスなどの一部の国を除いて、多くの国でタクシー運転手の社会的地位が低いこともありますが、移動に要する費用が、なぜ日本だけ突出して高値が維持されているのか、その構造に気が付く必要はありそうです。

ただ、現在の日本のシステムは、タクシー運転手さんや建設業界で働く多くの人々など、「小さな利権の集合体」という側面もありますから、これらすべてを合理性で切っていいのかという議論はありそうです。

ぶっちゃけて言うと、タクシー運転手とタクシー会社の犠牲の上に、多くの国民の利益を確保することの是非です。日本人は優しくて、この判断ができない側面は確かにあります。だから社会全体として停滞してしまうんですけどね。

日本の自動運転車はどこへ？

ところで、今回ロスアンゼルス最大の繁華街ハリウッドの表通りを歩いていたら、目の前の車道を、小さなスーツケースくらいのドーム型の物体を屋根に載せた車が走っていきました。「何だろう？」と思って見ると、運転席には誰も乗っていませんでした。

近年、アメリカと中国で事業化が許された、完全自動運転タクシーです。

実は、今回の旅の最大の目的は「アメリカで自動運転タクシーに乗る」ことだった

ロスアンゼルスを走る自動運転タクシー Waymo（ウェイモ）。写真：EPA ＝時事

のですが、一部に「台数が少ないので滅多に捕まらない」という情報があり、今回5人での移動が中心になったので早々に利用を諦めましたが、「こんなに普通に走ってるんだ」と驚きました。

我々の乗るライドシェアの車の前を、この完全自動運転タクシー・ウェイモが走行していて、絶妙なタイミングで左折していきました。

日本でも「完全自動運転バス運行開始」なんて新聞で報じられたことがありますが、これは時速20キロほどの低速で、道路に敷いたガイド線の上を走るゴルフ場のカートみたいな乗り物です。しかも遠隔監視が義務付けられるなど、もはや「お笑い自動運転」としか言いようの無い代物です。

日本はいつからこんな「後進国」になってしまったのか？

世界の現状を見ると、次世代の人生が不安になります。我々世代はギリギリ逃げ切れるかもしれませんけどね。

タイの急速な変化

昨年秋、久しぶりにタイに行ってきました。

その半年くらい前に他国からの乗り継ぎで、バンコクのドンムアン国際空港からスワンナプーム国際空港に移動したことはありますが、タイ国内でホテルに泊まって過ごすのは久しぶりです。

ハワイなどの物価が高くなっているのはネットニュースなどでしょっちゅう伝えられていますがタイも同様です。

特にタイは近年経済成長が著しく、タイバーツの価値が上がりましたから、円安の影響は顕著です。東南アジア旅行を考えている皆さんには北方の隣国ラオスかベトナムをおススメします。

ラオスは共産主義国家で、経済運営に根本から失敗しているようで、特にコロナ後ラオスの通貨キップが暴落してしまい、安い円でも一昔前の東南アジアの感覚で旅行できます。特に古都ルアンプラバンなどおススメです。日本では「ルアンパバーン」

と表記することが多いですかね。

さてタイの物価です。市内のコンドミニアム（日本風に言うとタワマンです）は日本並みに狭いつくりですが、それでも安いもので一戸数千万円から数億円が当たり前になっています。

近年大阪の駅前マンションの最高階で自室までマイカーで上がれる専用エレベーターが付いた部屋が25億円で売り出されてニュースになりましたが、タイでもスクンビット大通り沿いの物件は5億円程度の値段で売られています。大阪駅直結で専用エレベーター付き豪華マンション25億は、むしろかなり「安い」のかもしれません。

そして、バンコクの繁華街の不動産屋さんのガラス扉に貼られた物件広告を見て仰天しました。そこには八王子や千葉など、東京近郊の一戸建ての紹介チラシが多数貼られていたのです。

値段は日本円で2千万円前後の物件が多かったです。八王子で2千万円の一軒家ですから、床面積も90平方メートルほどの小さな家ですが、90平方メートルの東京都心部のマンションは、かなり古い中古物件でも2億円くらいしますから、「2千万円で東京近郊に一戸建てが買える」というのはタイ人にとってみたらとても魅力的なんだと思います。

私は正直、「立地その他の条件で日本国内で売りにくい物件を海外に回してるんだろう」と思いますが、不動産屋の広告の内装写真はとても魅力的で、「投資物件として買っとくか」と思う金持ちのタイ人がいても不思議じゃないです。

これ以上円安になると、普通の所得の日本人が国内でも海外でも、不動産を買うのは間違いなく不可能になります。既に今でも都市部ではそうなっていますけどね。

タイですらこれですから、タイの数倍、日本の倍以上の一人当たり国民所得があるシンガポールあたりの人から見ると、日本のすべてが「激安の殿堂ドン・キホーテ」状態なんです。まさに日本「たたき売り」です。

ちなみに私が生きている間で日本が一番元気だったと思えるのは1980年代後半のバブル時代ですが、この時代は1985年のプラザ合意の直後で、極端に円高に振れた時代だったことに留意すべきでしょう。

人口が多いために、当時日本は「世界第二の経済大国」と呼ばれましたが、一人当

カオサン通りにある大麻トラック「ハッピー・バッド」に、列をなす観光客。2022年６月撮影。写真：ロイター／アフロ

たりの豊かさを見ると、欧米先進国の多くに全く追いついていなかったことなんか、誰も気が付いていなかったのです。

タイの物価と比べてみたら

タイの物価についてもう少し詳しく書いておきましょう。

私は今回、古くからのバックパッカーの聖地であるカオサン通りに宿を取りました。

スクンビット大通り界隈の有名ホテルの値段は一泊数万円と、世界標準の値段になってしまいましたが、一泊数千円で泊まれるホテルもたくさんあります。

その中でも2000円くらいで泊まれるゲストハウスはカオサン通り周辺に集中しており、今でも欧米系のパリピ系バックパッカーはこの界隈に多数沈没しています。パリピでなく、アジアの精神世界を楽しみたい欧米系旅行者はラオスなどにシフトしていますが、タイは大麻が実質的に完全解禁になりましたので、カオサン通りは、昔、一晩中踊り狂っていたようなアホ外人が集結する場所になってしまいました。とにかく夜になると、耳栓しないと歩けないくらいの大音量でダンスミュージックが通りに流れ、通り中が大麻の煙で燻ってしまいます。

日本の報道で、「タイは嗜好用大麻を完全解禁したわけじゃない」なんて書いてあるのをときどき目にしますが、これは嘘か、取材してないか、別の意図があるのか、のどれかです。

バンコク中の大麻店は、昔のアムステルダムの「コーヒーショップ」のように、産地別、品種別で、大麻そのものが1グラム1000円から4000円くらいの値段で売られています。

煙草状に巻かれたジョイントも1本1000円くらいで、バンコクの一大産業になっています。

私がバックパッカーだった40年前は、バンコクで大麻を買うと、宿に警察官が踏み込んできて逮捕されるのが当たり前でした。当時、売人と警官がグルになっていて、同じ大麻を売っては摘発して回収するという無限回転商売をしていたのです。

さらに逮捕した罪人から賄賂を取ると二重に儲かります。このやり方を「セットアップ」と呼びます。

最近では大麻が解禁されたので、未成年娼婦を使って同じことをやっているそうですが、警察官の汚職体質は、昔に比べると東南アジアはどこも大分改善されたと感じます。

経済成長のおかげでしょうね。

バックパッカーの聖地というより、パリピの世界的聖地のひとつになってしまったカオサンですが、物価はバンコクの他の地域に比べて概ねリーズナブルです。外国人価格という点では少し高めであることは間違いないですが、実は欧米系白人バックパッカーは異様にケチですから、ボッタクリの店には入りません。

タイでは今でもバイクタクシーやトゥクトゥクに乗るには事前料金交渉が必須です

が、カオサンでは他の地域のように無茶なボッタクリはありません。

この場所に巣食う外国人は常識的な料金感覚を有していることを運転手たちは理解しているので、無茶な値段は言ってこないのです。

この界隈で昼にビールの小瓶を1本とタイ料理を2品程度頼むと、1000円くらいになります。隣国ラオスなら半額です。通りの外れのオシャレなハンバーガー屋さんでハンバーガーとオレンジジュースを頼んだら2000円ほどでした。

かつてのバンコクを経験していると、目の玉の飛び出るような値段ですが、ユーロやドルに換算するとそれほどでもないようで、平気な顔で白人の家族連れがハンバーガーを頬張っています。

アジア人旅行者もたくさんいますが、ほとんどが韓国人です。**街の両替商の換金レート表から日本円が消えていました。**日本人客がいないんでしょうね。代わって韓国ウォンのレートが表の黒板に表示されています。

我々はまず、この現実を直視しなくちゃいけないと思います。

バンコク市内には地下鉄と高架鉄道が縦横に走り、ホームドア完全整備済み、高速道路は片側5車線で電気自動車も多数です。唯一の問題はトイレに洗浄便座が無いことですが、これについては、元々便器を洗浄するために設置されているハンドシャワーが代用できます。

とにかく皆さん、無理してでも世界を見に行きましょう。

このままだと日本は、多くの第三世界の国々のような「均衡状態の貧困国」、つまり「賃金も安いけど物価も安いから生活できる」という典型的な貧しい国になってしまいます。

そんな国では、薬から文化まで、世界の良品は全く手に入らないのです。

お金が下ろせない

　昨年秋、個人的に難儀なことがありました。

　今からかれこれ四半世紀前になりますが、１９９７年夏から翌年夏まで、私、ニューヨークのマンハッタンに住んでいました。別に特派員というわけじゃありません。純粋に1年間ニューヨークで遊んでいたのです。

　民間放送各局は、**バブルの余韻を引きずりながらだらだらと不況の波に乗ってしまったのですが**、当時在籍していた読売テレビは、90年代半ば過ぎにミニバブルを経験したようです。

　その理由は忘れました。当時夕方のローカルニュースのキャスターでしたから、会社の経営状態なんか全く知りません。１９９０年に始めたローカルニュースが当たって、在阪民放局では圧倒的に強かったＭＢＳ毎日放送の牙城を崩し、読売テレビが会社創設以降初めて、夕方ニュースの激戦地でトップに立っていたのです。

　会社はミニバブルで儲かった金を、そのまま税金を払うより社員に還元した方がいいと考えて、職場に関係なく計画書を書いて名乗りを上げたら、資金提供するという制度を作りました。

私はこの制度に応募するにあたって、知り合いの大学関係者を通じてアメリカの大学の研究員としての招請状を取得し、これを局に提出して、「アメリカで1年間、日本に先行してデジタル化されるアメリカのテレビ事情を研究して報告する」という名目でニューヨークに渡ることになりました。

確かにときどき、伝手を頼ってメディア関係者に会い、夜に長い文章を書くこともありましたが、大半の時間はセントラルパークをローラースケートで滑ることと、マンハッタンを散歩することに費やしました。

おそらくマンハッタンは、今でも東京や大阪よりも詳しいと思います。南の端のバッテリーパークから北の黒人居住区のハーレム地区まで、毎日普通に歩いていましたから。ハーレムはかつて、貧困黒人層の居住地で、観光客が迷い込んだら無事では済まない場所として有名でしたが、後にトランプ政権の応援団の一人になって結果的に投獄の憂き目を見るルドルフ・ジュリアーニ市長が、「割れ窓理論」と呼ばれる、「小さな割れ窓でも放置すると、地域全体がやがて荒廃する」という理論によって小さな

ブラックミュージックの殿堂として知られ、数多くの観光客を集めるニューヨーク・ハーレム125丁目にあるアポロシアター。写真：hemis.fr/時事通信フォト

犯罪の取り締まりを強化して街の治安を一気に回復させ、問題のハーレムにビル・クリントンが事務所を構えるに及んですっかり安全な街になりました。

マンハッタンの地価が上がり過ぎて、ハーレムでさえ貧困黒人層にはとても家賃が払えない場所になってしまったのでしょう。

ちなみに私が当時住んでいた「ワールドワイドビル」という、日本で言うと「タワマン」の中層階の家賃は2500ドルでした。今、同じマンションの家賃は一桁上の値段になっているようです。

今では1カ月100万円を超える家賃を払わないとマンハッタン中心部には住め

ません。

テロ資金監視と口座凍結

このニューヨークに暮らしているとき、日本からの送金の受け皿として、シティバンクに口座を作ったのですが、これが冒頭の悩みの種になりました。

私は短期滞在だったので、通常長期にアメリカに滞在する人に必須の社会保障番号を取得しませんでした。アメリカでは１００年以上も前から国民すべてに番号が振られていて、それによって、税金の徴収や年金の管理などが行われています。

もちろんその代わり日本流の戸籍などはありません。国民はすべて、この社会保障番号によって個人として扱われます。**私もその気になればこの番号の取得はできたのですが、いつものように「めんどくさい」と放置してしまいました。**

本来この番号が無いとクレジットカードなどは絶対に作れませんし、銀行預金も作れないはずなのですが、ふらっと入ったシティバンクで簡単に口座が作れて、キャッシュカードまで手に入れてしまいました。この口座に日本から送金してもらえば生活に困りません。

こうして1年間マンハッタンで遊んで暮らし、ほんの少し残った口座残高を放置したまま帰国しました。このキャッシュカードはその後、各国を旅行するときに、その国の通貨を現地で引き出すのにとても便利でした。

ところが２００１年9月11日の同時多発テロで状況が一変します。

社会保障番号と紐づけられていない私の口座が「テロ資金監視」の網にかかったのでしょう、「テロ組織と関係ない」ことを示す書類の提出など、面倒くさいことをシティバンクが次々言いはじめたのです。その都度対応してきましたが、今回（２０２４年秋）もまた何か言ってきました。

「あなたの口座状態について聞きたいことがあるので11月14日までに電話しろ」というのです。

私、日本語でも相手の表情が読めない電話は嫌いです。**友人が極めて少ないことと、大抵の用事はメールで済む時代になったので、半年に一度くらいの頻度でしか電話は使いません。**それなのにアメリカまで英語で電話しろなんて、とんでもない話です。

これを機に全額下ろしてしまおうと頑張ったところ、セブン銀行のＡＴＭなら預金引き出しができることが分かり、**毎日限度額を引き出し続けていたら、ついに預金口座が凍結されてしまいました**。その後シティバンクから「英語ができない人は、以下の言語に対応していますので、遠慮なく言語担当者を呼び出してください」という親切な案内が届きました。

「先にこっちを送れよ」と毒づきながら見ると、そこに書かれていた対応可能な言語が、英語、スペイン語、アラビア語、アルメニア語、中国語（中国と台湾それぞれ）、フランス語、ギリシャ語、ヒンドゥー語、韓国語、ポーランド語、ポルトガル語、ロシア語、タガログ語、ベトナム語、です。

これだけの多言語に対応する窓口の人がいるのに、日本語は影も形もありません。つまりアメリカのシティバンクに口座を持っている日本人がほとんどいないってことなんでしょうね。いかに最近の日本人がアメリカに行かなくなってしまったかを象徴する出来事でした。

親ガチャ考

インドに行くたびに「こりゃ酷い」と思っていたことが、ある日突然、「それもありかも」と思えるようになりました。

何の話かというと、世界的に有名なインドの差別制度である「カースト制度」の話です。おそらく日本人100人に「カースト制度についてどう思う?」と聞いたら、まず100パーセント、「現代ではあり得ない身分制度、差別制度で、一刻も早く解消すべきだ」という返事が戻ってくるでしょう。

ところがインドでカースト制度について聞くと、決してそんな意見ばかりではありません。

そりゃそうです。カースト制度廃止に国民的合意があるのなら、これだけ情報化が進んだ現代社会でこんなにも根強く制度が生き残っているはずがありません。

ちょっと話は変わりますが、日本人って、ユダヤ人が好きですよね。

実は先日、四国の徳島に講演に行ったついでに近隣の旅でもしようかといろいろ調べたら、徳島の最高峰である剣山《つるぎさん》のどこかに、モーゼの十戒を刻んだ石板の入った聖《せい》櫃《ひつ》が隠されているという伝説があって、かつて一生をかけてそれを探した日本人がいたと知りました。

さらにユダヤの紋章である六芒星《ろくぼうせい》と「籠目《かごめ》」の紋章の類似性が指摘され、「かごめかごめ」の童謡はヘブライ語の歌詞だと主張する人もいます。

ハッキリ言いますが、私はこの手の話を全く信じていません。でもね、少なからず、それを信じる日本人がいるのは事実のようです。

また、「旧約聖書で描かれる『ユダヤ12部族』の一つが日本人のルーツだ」なんて話は昔から何度も繰り返し語られます。

何度も言いますが、私はこの手の話を全く信じていません。

全く、さっぱり、全然、です。

でも日本で本気でそれを信じている人がいるのも事実です。たぶん神道という、かなり受容性の大きな宗教を持っていた日本人だから、「神」という存在を拡張解釈する余地が大きかったのだと思います。

たぶん、この日本の現状は、欧米人にはもっと不思議だと思います。

何せ、欧米で「ユダヤ人」というのは差別の対象である「賤民」ですからね。ユダヤ人のユダヤ人たるゆえんは、自らを神に選ばれた「選民」であると自覚することですが、一方、欧米の歴史の中では間違いなく「賤民」でした。元々ユダヤ人自身が国を失った後、各地でコミュニティを作って隔離生活を送り、後にはヨーロッパ各国で政策的に隔離され、ユダヤ人は間違いなく約2000年の長きにわたって欧米各国で「隔離すべき人々」扱いされてきたのです。ヒットラーの大虐殺の背景にはこの歴史的意思があります。

16世紀に書かれたシェークスピアの作品でも、19世紀に書かれたチャールズ・ディケンズの作品の中でも、ユダヤ人は典型的な「賤しい人」として描かれています。ですから、日本人が自ら自分たちのルーツを世界的な「賤民」であるユダヤ人に求めるのは、世界の人々には極めて奇異に映るはずです。

ユダヤ人差別の歴史を知らない日本人にとってユダヤ人は、アインシュタインを筆頭格に据える「極めて優秀な民族」ということなんですね。

さて話をカースト制度に戻しましょう。

カースト制度においては、どんなに優秀でも、どんなに努力しても、生きている間にカーストが上がることはありません。なぜならカーストは、どの階層に生まれるかを決める神の意思によるものだからです。

神が決めたことを人間が変更できないのは、その神を信じる人々にとっては自明の理です。だから、低カーストに生まれた人がインドで階層の変更を目指して暴力に訴えたり政治活動をしたりすることも、逆に絶望することもありません。

なぜなら、そのカーストで最大限できる努力を重ねたら、来世ではより上のカーストに生まれ変われると信じられているからです。

つまり上のカーストの人々は「前世で頑張った人」だし、低いカーストの人は「前世で努力が足りなかった人」というわけです。

この解釈は上位カーストの統治者にとって実に好都合であるばかりでなく、恵まれない人生を送る人が絶望から救済される道であることも間違いありません。

「俺が今こんなに苦しい境遇にいるのは、前世での努力が足りなかったからだ。現世で頑張ったら、来世には上位カーストでの素敵な生活が待っている」と思えば、辛い毎日が楽になります。

我々のように「生まれながらの平等」思想に慣れた人間からすると、低位カーストの人々の諦念はイライラしますし、上位カーストで我が世の春を謳歌する人々には怒りがふつふつと沸いてくるのですが、インドでいろいろな人と接すると考えが変わります。

確かに、西側世界の「自由」「平等」の意識に目覚めた人にとって「カースト」は「理不尽な因習」に過ぎませんが、ヒンドゥー教を心から信じている人々にとっては、「当たり前に皆が共有すべき価値観」なんですね。

優しい言葉が人を追い詰める

さて話はここから、一時期日本の若者を絶望させた「親ガチャ」と、日本のサラリーマンの話に移ります。

かつての日本のサラリーマンって完全に「会社のカースト制度」の中にいたと思うのです。

今はどうか？　絶望から逃れる道はどこにあるのか？

フラット化の波の中でももがく日本社会が目指すべき未来は？

「親ガチャ」を感じる日本の若者は、「人間は生まれながらに平等でなくてはならない」と教えられているのに、現実は「生まれが人生を決めるのが現実で、これは不平等だ」と感じています。

どんな家に生まれるかは「ガチャ」を回すようなもの、つまり「運次第」で、「運に恵まれないと人生終わり……」そんな意識でしょうか。

この新しい言葉の根底にあるのは、「自分の努力ではどうにもならない人生」への怒りと諦念です。

でもねえ、この言葉を好んで使う人が、気が付いているかいないか分かりませんが、今の日本では「親ガチャ」よりも「才能ガチャ」の要素の方が人生に大きな影響を与えるのは間違いありません。

経済的に恵まれない家庭に生まれても、例えば「見た人全員が魅了される特別な容姿」という才能を得て生まれてきたら、「親ガチャ」のマイナス点は吹き飛びます。それも含めて「親ガチャ」と言うなら分かりますけどね。

いずれにせよ、「親ガチャ」の主論点は、「自分のせいじゃないのに」というところにあります。これが若者をイライラさせるのです。

インドで低いカーストに生まれた若者が被っている実害は、「親ガチャ」を口にする日本の若者の比ではありません。物乞いがやりやすいように生まれてすぐに両足を使えないようにし、車輪の付いた板の上に座って、一生を縦横500メートル四方の街角で暮らす人が現実にいます。

どんなに他の才能に恵まれても、日本では忌み嫌われる職業を一生続けるしかない境遇の人がたくさんいるのです。

どんなカーストに生まれるかは日本流に考えればまさに「究極の親ガチャ」です。

このヒンドゥー教の教えを作り出したのは、現世を謳歌する支配階級だったのだろうと思います。支配階級にとって、「今の俺の地位があるのは、前世の努力のたまものだ。お前ら、文句を言う前に今の地位で努力しろ」と被支配階級の人々に命じることができる「教え」は好都合に違いありません。

しかし、この宗教が広く受け入れられた今となっては、この教えは、多くの「特別な才能や容姿に恵まれない普通の人」にとってこそ、とても有用です。特別な才能や容姿を持っていない人は、社会のマジョリティですから、この教えは多くの人々を間違いなく救済します。

日本でも欧米でも、「あなたは悪くない」が、弱者救済のキーワードになっていますが、「私は悪くないのになぜ?」と「優しい言葉」が弱者を追い詰めてしまうことがあるのです。

日本にはこの宗教的なカーストはありませんが、少し前まで、学生や社会人には疑似カースト世界がありました。

体育会系運動部などで、一年生、二年生、三年生、大学の場合にはさらに四年生のそれぞれの学年間に差別が横行していたのは皆さんのよく知るところです。今では「人権侵害」と誰もが感じる日本流の「疑似カースト制度」ですが、この制度にはメリットがあったのも事実です。

この制度の中では、例えば大谷翔平クラスの選手でも全く才能の無い「駄馬」でも、一年生は一年生、三年生は三年生として扱われます。野球の才能に欠けている選手でも、三年生になれば間違いなく「上位カースト」になれるのです。
これが完全な実力社会なら、大谷翔平は生涯「最高位カースト」で、才能に劣る「その他大勢」は生涯低位カーストに甘んじなくてはいけません。

社会人でも似たようなことがあります。昭和30年代から40年代ごろ、日本のサラリーマンの間には、格差と差別が横行していました。
最下位カーストは平社員、最高位は社長です。部長は高位カーストの「僧侶」でしょうか。

この日本の会社内カースト制度がインドのカースト制度と違うのは、本人の努力と才能、勤務年数で上位カーストに移行できる点です。必ずしも来世を信じない日本人にとって、現世の中でのカースト変更は重要です。

当時の会社員の場合、平社員と部長級の待遇には例えば給料にして数十倍の違いがありました。大企業の部長級になると、「万札（クレジットカードなんかろくに使えない時代です）」が財布に束になって入っていて、部下を連れて銀座のクラブで豪遊するのが日常でした。

我慢して最下位カーストの「平社員」を務めるとやがて、「係長」「課長」「部長」と階層を上がることができました。おそらくこのあたり江戸時代から続く「丁稚奉公制度」の名残だったのでしょうね。平社員＝丁稚というわけです。

体育会系の運動部で厳しいシゴキを受ける一年生が、「来年になれば二年生」「再来年には三年生になれる」という希望が持てるのと同様、「今は安月給の平社員だが頑張れば課長になれる」と信じて会社に「奉公」する。それが昭和40年代までの日本社会でした。

今はどうか？

多くの会社からカーストが消えました。会社の組織がピラミッド型から「鍋蓋《なべぶた》型」と呼ばれるフラットな組織に移行し、ごく少数のトップが会社全体を掌握する組織に変更されたのです。課長や部長などの職階が残っている会社は多いですが、平社員でも部長でも、そんなに待遇に差はありません。昔は「平社員の月給は3万円だが、部長になると30万円」くらいの差はありました。今はむしろ新入社員の給料は比較的上がりやすい一方、中高年の給料は大して上がらず、多くの会社で平社員と部長の給料差はせいぜい数倍程度でしょう。これでは平社員を連れて銀座を豪遊するわけにはいきません。

日本の体育会運動部から学年によるカーストが消えて、子どもたちは幸せになったのか？

会社の職階カーストが消え組織がフラット化して、勤労者は豊かになったのか？

もしその答えが「否」なら、私たちは何を間違ったのか、立ち止まって考える時期に来ていると思うのです。

第4章

人間は生まれたときから死刑判決を受けている

——あとがきに代えて

人は必ず死ぬものだから

おどろおどろしいタイトルですみません。

「人間は必ず死ぬ」という当たり前のことが言いたいのです。

日本の現在の人口は1億2000万人強で、毎年新しく生まれてくる命は70万人ほどです。日本列島に人が住み始めたのは、石器時代の遺跡などから3～4万年前と思われています。

江戸末期の人口が3000万人ほど、平安時代は600万人ほどの人口だったそうです。幼児死亡率が相当高かった一方、産児制限なんか考えてなかったでしょうから、一人の女性が生涯に出産する子どもの数は10人以上だったと思われます。

日本列島で過去に毎年生まれた子どもを粗く推定して平均5万人と仮定すると、3万年の間に15億人がこの地で生まれてきたことになります。これはものすごく粗い計算で、実際の数字と一桁や二桁違っていても驚きではありません。

何が言いたいのかというと、日本列島だけでも過去に二桁か三桁の億単位の人間が生まれてきたけれど、その誰一人として不老不死の人はいなかったという事実を強調したいのです。

人類の歴史の中で現代は最も不老不死に近付いた時代であるのは間違いありません。老いに付きものの、シミ、シワ、白髪、毛髪の状況などは人為的にかなりコントロール可能になっています。

「辛坊家」の男性は遺伝的に血管系の病気になりやすく、放置すると60歳前後で心筋梗塞を起こす確率が高いのですが、私の場合、50歳代半ばの献血の際に「血圧190」と言われて病院に駆け込み、それ以来血圧と血管付着物のコントロールを薬で行っているので、68歳になった今も普通に心臓が動いています。

80歳の人が、健康上及び見かけ上で70歳なら、人類は10歳分の「不老不死」を手にしたのと同じことです。しかし、かつて王侯貴族が夢見た「不老不死」にはほど遠いですよね。

少し前にホリエモンと話をしていたら、彼は「僕は120歳まで健康な状態を維持しながら生きる」と豪語していました。

ホリエモンと話していて常に感じるのは、科学技術の進歩に対する信仰に近い確信

です。確かに生命工学は急速に進化していて、2025年の大阪・関西万博の主テーマは元々「健康・長寿」、言いかえると「生命工学の今」にあったのですが、頭の悪い中央官庁出向組の役人がコンセプトをぐちゃぐちゃに潰してしまった感じを私は持っています。

経産省出身で万博に大きな影響力を持っている出向官僚が、「70年万博のときに子どもたちが持った未来に対する希望を、この万博でも子どもたちに体験させたい」と発言するのを聞いて「こりゃダメだ」と思いました。

そんな時代じゃないでしょう。今回の万博のテーマは「命」そのもので、「子どもに未来を見せる」というコンセプトは古すぎます。

体に追いつけない脳

最近見た映画の中で、超能力を持つ囚人が、脳内の意識を刑務所長と取り換えて、定年した刑務所長の体の中に移って堂々と脱獄を果たす物語がありました。私はそれを見て、「この囚人、脱獄したのは良いけど、年老いた刑務所長の体の中で暮らすのは大変だな」とストーリーとは全く違うことを考えました。

私は昨年、肩を二回脱臼し、腰痛に苦しみ、室内で気を失う経験をして、「魂の器として、この体がどこまで持つのかしら」と考えるようになりました。

魂とは何かについて宗教的に論じるつもりはありません。私が「魂」と書くときには、「脳の働き」とほぼイコールだと思ってください。でもこの問題を突き詰めると「認知症の人は魂を失ってしまうのか？」なんて議論に迷い込んでしまいます。

こうなると宗教抜きにこの問題を論じるわけにいかなくなりますから、この話はとりあえず置いておきましょう。

脳の働きと体の働きが同時に衰えていく人は幸せです。しかし、現代の医療は体の働きを維持することには驚異的な成果を上げつつありますが、脳の働きを維持する研究は道半ばです。日本で認知症の患者が多いのは、裏を返せば、脳の機能維持が難しい一方で、体の機能維持の手法はかなり進化しつつあるってことを意味します。

脳と体が同時にダメになると問題は同時に解決しますが、**体の維持だけが進化した現代において、「問題解決」は「早死に」を意味してしまいます。**早死にすると、その時点で体と脳が同時にダメになりますから、認知症のリスクは劇的に低下するのです。

しかしこれでは問題の本質的解決にはなりません。

今でも中央アフリカなどの地域に認知症患者はほとんどいません。平均寿命が極端に短く、認知症になる前に皆死んでしまうからです。この状況は日本人には是とされないでしょう。


ホリエモンが「120歳まで健康に生きられる」と信じているのは、魂の入れ物としての肉体の維持管理の手法が日進月歩だからですが、**仮に「入れ物」の維持ができたとして、「魂」をどうするか？**という問題が残ります。

彼がこれをどう考えているのか分かりませんが、件の映画の超能力者が「意識」を刑務所長と交換したように、自分の脳の働きすべてをコンピュータの中に移せる時代は遠くないのかもしれません。ただ、脳内情報の「コピー&ペースト」に成功しても、自分の脳内にある元の情報は残るわけで、これを「デリート」しないと自分の意識が二つあることになってしまいます。そもそもコンピュータに移した自分の意識は「もう一つの魂」たり得るのでしょうか？

宗教の効能

精神的に「死刑」を回避する方法は一つだけあります。それは宗教です。

あ、ここでドン引きしたあなた、私は別に特定の宗教に勧誘する意図はありませんし、私自身、現在どこかの宗教団体に属しているわけではありません。

それどころか私は、「デカいペット」と一緒になる際に、「アンタ、今後、変な宗教にハマったら離婚するからね」と言い渡されています。我が家に信教の自由はありません。

ふと思い出しましたが、大昔に私のアシスタント的な仕事をしてくれていた若い女性は、「彼ができたら最初のデートは神社仏閣に行くと決めてるんです。変な宗教にハマってる人って、神社で手を合わせたりするのを嫌がりますよね。抜き差しならない状況になってから分かっても遅いですからね」と口癖のように言ってました。

「変な宗教」というのは、この女性の口癖ですから、関係者の皆さん、勘弁してください。

でも「変な宗教」にはいくつかメリットがあります。それは、多額の寄付等と引き換えに精神的な平安を得られることなどです。

変な宗教にハマって自分の子どもを虐待しながら教団に莫大な財産を寄進する人は後を絶ちませんが、私は、親が寄進した財産を子どもが取り戻す裁判には否定的です。

先ごろこれに関して日本の最高裁判所は、「一定の条件で財産を取り返せるかも」という判断を下しました。実は一審と二審では過去の判例にのっとって、「親が自分の意思で『返還を求めない』という書類にハンコを押しているのだから、その契約は有効で財産返還はムリ」という判決を出していました。

ところが二審判決の後で安倍晋三氏襲撃事件が起き、テレビで連日、旧統一教会批判を繰り返す騒動になり、その世論を受けて最高裁は判例変更を行ったわけです。事件後の一連の騒動が無かったら最高裁は二審判決を支持していたでしょう。**最高裁は裁判官の国民審査があるせいか、他の裁判所よりも世論の影響を受けやすいのです。**

過去にも「世論におもねった変な判決」が最高裁では結構な頻度で出されています。消費者金融の過払い金訴訟をめぐる判決などはその典型です。

宗教の違いに根拠はあるのか？

「統一教会」という宗教団体は日本では完全に「極悪カルト」扱いですが、発祥の地である韓国や他の国々では「毛色の変わった新興宗教の一つ」程度の存在です。

統一教会と似た手法で寄付を集めて布教活動をする宗教団体なんか他にいくらでもあります。テレビ番組が統一教会だけを問題視するのは、「今、社会的に弱っていて皆が批判している統一教会なら攻撃しても大丈夫」という安心感があるからです。

ほとんど同じような、あるいは「もっと極悪な活動をしている宗教団体」でも、それを指摘した瞬間に信者からの抗議の嵐で収拾がつかない騒動になりますからね。

そもそも宗教にハマって多額の寄進をした人は、その宗教を信じていない人々（実の子を含めて）から見ると「詐欺の被害者」ですが、被害者が被害を認識して告訴しない限り犯罪として扱われないのと同じで、被害を訴えられるのは寄進した本人だけであるべきです。

一連の裁判で財産の返還を要求した子どもたちの親は、その宗教団体に寄進することで心の平安を得ていたはずで、親が死んだ後で子どもが詐欺を主張するのは間違っていると思います。外部から見ると多額の寄進をして子どもを虐待した親は「極悪教団の被害者」ですが、親本人はその行為で「救われた」わけですからね。教団に言わせると、「返金を要求するなら、我が教団があなたの親に与えた心の平安の対価を払え」という話になるでしょう。

私の人生経験から言うと、この種の「極悪教団」にハマる人って、いったんマインドコントロールが解けても、気が付くと他の教団の信者になっているケースが多いです。結局この種の人々は、宗教にすがらないと魂の平安を得られないわけで、私はそれを間違っているとは言いません。これこそまさに「信教の自由」です。

でも、何の宗教も信じていない者からすると、キリスト教が生まれて約2000年、イスラム教が生まれて1400年、仏教が誕生して2500年ですが、それ以前に人類誕生以降何十万年も人々はさまざまな「神」を信じてきたわけで、イスラム教徒、キリスト教徒、ユダヤ教徒が信じる「神（この三つの宗教は同じ神を信仰しています。その名がまさに日本語で『エホバ』です）」が「異教徒を信じるな」どころか「殺せ」に近いことを言っているのを聖書で読むと「統一教会のほうがマシかも」などと思ってしまうのです。

例えばキリスト教が過去にどれほどの財産を集めてきたのか、「大本山」の一つであるバチカンの壮大な建物を見ると分かります。建前を語る新聞などは、「統一教会等のカルトと伝統宗教は違う」と常々主張しますが、**その主張の根拠がどこにあるのか私には全く分かりません**。

また、イスラム教の聖典コーランを読むと、豚肉食の禁止や飲酒の禁止など、旧約聖書の神の教えと共通する部分が多いことに驚かされます。預言者ムハンマドが旧約聖書から多くの啓示を受けていたのは間違いありません。旧約聖書は、ユダヤ教の聖典であると同時に、キリスト教徒、イスラム教徒にとっても聖典なのです。

ところで、バチカンの建物は本当に凄いです。「宗教の力を知る」という観点からも皆さんには訪問を強くお勧めします。円安の今ですが、大枚はたいてでも訪れる価値があります。ある程度の規模を想像している人でも、実際に訪れると、「神の力」に間違いなく圧倒されます。そのくらい凄い建築物です。同様の驚きは、ドイツのケルン大聖堂でも、スペインのサグラダファミリア教会でも得られます。その場に立てば、西欧でキリスト教がどんな力を持っているのか、肌で感じられるでしょう。

不老不死の苦労

不老不死は人類の見果てぬ夢です。

ニッポン放送の飯田浩司アナのように、「実は300年くらい生きている」ように見える人もいますから、**もしかすると1000年ほど生きている人が社会に紛れている可能性が絶対ないと証明することは不可能ですが、まあ、無いでしょうね。**

ちなみに私が好きな『ガリバー旅行記』の中には、「生まれながらに死なない人」が社会の中に一定の割合で生まれてくる国の話が出てきます。

『ガリバー旅行記』なんて子どものころに絵本で「巨人国」や「小人国」の話を読んだ経験のある人は多いでしょうが、大人になって全部読む人は少ないでしょう。ちなみにこの本に出て来る「空中に浮かぶ都市」の名前は「ラピュタ」です。宮崎駿監督のインスピレーションの源泉が分かります。ネタ元を隠さないのが宮崎さんらしいですけどね。

ガリバー旅行記を書いたスウィフトは晩年に発狂して死んだそうです。そういえば、確か『ツァラトゥストラはかく語りき』の中で「神は死んだ」と書いたニーチェも晩年発狂して「自分は神だ」なんて言い出したらしいです。

神や死を突き詰めて考える人の晩年は結構悲惨です。「神は死んだ」と書いたときに既に発狂していた可能性はありますけどね。

『ガリバー旅行記』の中に出てくる「死なない人がいる国」での「死なない人」について、スウィフトはかなり悲惨な書き方をしています。**「死なない人」は他の普通の人と同じようにどんどん体が衰えていきます。やがてボロボロに衰えた体を引きずって街を徘徊しながら、「それでも死ねない」人生を送るわけです。**

スウィフトが「死なないことは幸せではない」と考えていたのがよく分かります。

私も正直同感です。日本の高齢者が置かれている環境って、スウィフトが描いた「死なない人がいる」社会に近いかもしれない、などと極端なことも考えてしまいます。

以前、私のヨット運航のボランティアさんと話をしていたら、「医療破綻した夕張市と、医療先進地帯の高齢者の死亡率は変わらないそうですね」なんて話を聞かされました。

これについては資料を調べたら確かなことを言えるはずですが、「まあ、そうだろうね」としか思わないので自分で資料を調べようなんて気にはなりません。そのうちChatGPTかなんかに聞いてみようと考えています。こうして人類はどんどんアホになっていくのでしょう。

魂は脳の働きだと思うけれど……

私は間違いなく人類全体の知能は低下傾向にあると思います。

２０２４年のパリオリンピックで、おそらくオリンピック史上最初で最後の競技としてブレイクダンスが採用されましたが、頭を地面につけて回るのは脳にダメージを与えそうです。**まあ、私が中学生のときにやっていた体操競技も各種演技の着地などは脳に悪そうですけどね。**

他界した義理の父は、晩年「体にチューブを付けられて寝たきりになった挙句死ぬのは嫌だ」と口にしていて、家族は全員、それに同意していました。

ところが、紆余曲折あって病院に運び込まれ、「点滴では栄養が充分摂れません。胃に穴を開けて栄養素を流し込む胃ろうをするともう少し長く生きられて、場合によったら健康状態が良くなって胃ろうを外して自分で食べられるようになるかもしれません」と医者に言われて、あれほど「胃ろうはやめようね」と本人も家族も言っていたにもかかわらず胃ろうに踏み切りました。

ところが、それで回復することはなく、それどころか、胃ろうで入れた食物が逆流して肺に入り、誤嚥性肺炎で他界してしまいました。日本の末期医療って、病院を儲けさせるためだけにあるんじゃないのかと疑います。

日本の現状が持続可能なのか心配です。死にかけの高齢者に医療資源を割かれて、若年層の医療が貧しくなるのは本末転倒ですからね。何せ義理の父は最晩年の一年間だけで大きな外科手術を三回受けていますから。「無駄」とは言いませんが、「ほとんど無駄」には違いないでしょう。

さて肉体の衰えは止めようがなく、やがて体が滅びると、魂の根源である脳も機能しなくなります。脳の機能だけを取り出す話は古いSF小説によくあります。不老不死の一つの形として、人類は古くから「脳」の保存を考えてきたわけです。

物理的に脳の保存ができなくても、脳は巨大な神経回路ですから、その神経回路だけをコンピュータに入れてしまえば人類は不老不死を手にできるのではないか？　今、この考えに支配されている人は多いようです。

実際、死んだ著名人の著作などを人工知能に読み込ませて、著名人が書きそうなことを人工知能が書くことは可能ですし、**本人そっくりに喋る人工知能が既に実現しているのは、「ニセ著名人が勧誘する投資詐欺」を見ても明らかです**。しかし、人工知能の中に「著名人の魂」があると考える人はいません。

宗教の賞味期限

現世に魂が宿っている肉体は「仮の宿」で、死後魂が復活するというのが、多くの宗教が説くところです。唯一神「エホバ」を信じる、ユダヤ教、キリスト教、イスラム教では近い将来神が地上に降り立ち、最後の審判を人類に下すことになっています。このあたりの詳細な考え方は、例えば同じキリスト教でも宗派によって大分違います。いきなり地獄や天国に振り分けられるように考える宗派や、天国に行く前に煉獄で修行めいたことをしなくちゃいけない宗派まで、さまざまです。

どうやら復活する際に肉体が必要らしく、これらの宗教は基本的に土葬です。土葬されて虫食い状態になった肉体より、復活するときには新しい体が欲しいですけどね。たぶんこれら三大宗教の根本には発祥の地に地理的に近いエジプトの宗教観がありそうです。将来の復活に備え、内臓を抜いて防腐処理を施したミイラがそれを語っています。

私は2023年のエジプト旅行の際にたくさんのミイラを見ましたが、高齢で死んだ男性ほど保存状態が良いです。死ぬ前に体からほどよく油が抜けて、ミイラに近い肉体を得ていたせいでしょう。

日本の仏教界で平安時代に流行った「即身成仏」したお坊さんたちの保存状態がいいのは同じ理由です。この人たちは、最後は餓死しましたからね。でもミイラはミイラですから、あんな姿になって見世物になりたくないです。

新約聖書を読むと、繰り返しイエスは「そのときは近い」と言っています。今でも「エホバの証人」の信者さんは、「自分が生きている間に神が再臨して最後の審判が行われるはずだから、老後に備えても意味がない」と信じているようです。イエスが死んで、はや2000年、仏教でも既に「末法」の時代に入っています。

宗教の開祖たちにとって「1000年後」は、自分が責任を負わなくて済む遠い未来だったはずなのに、その長さをはるかに超えて教えを信じる人がいるのが不思議です。これらの宗教を単なる「詐欺」と考える私のような立場からすると本当に不可解です。

『神曲』を書いた中世イタリアの詩人・ダンテは、その著書の中でキリストより偉い「最後の預言者」を名乗ったムハンマドが、地獄で永遠の苦しみの中にいる姿を描いています。宗教ってそんなもんです。

ダンテは、彼と同じ時代に生きたライバルたちを『神曲』の中で、次々地獄送りにしています。こんな本が教科書で紹介されるのは間違ってるとしか言いようがありません。ただ、ダンテが描いた地獄の様子が、西欧社会の「地獄イメージ」を作り、その後の絵画などに強い影響を与えたのは事実です。みんなが知っている旧約聖書の物語「バベルの塔」の姿は、まさにダンテの脳内イメージそのものですから。欧州の美術館巡りが趣味の人は、聖書と『神曲』くらいは読んでおかないと、絵や彫刻が何を意味しているのか、さっぱり分からないはずです。

救いのない刑罰

なんて話をした後で書くのは気が引けますが、死後の復活や来世を説く宗教を信じる皆さんは幸せです。だって、現世の生活は「あくまでも仮の姿」ですから、それがどんなに苦しいものであっても耐えられます。これが宗教の力です。

宗教など本気で信じていなくても、発想の根幹に輪廻的な考え方を持っている人は多く、**先日何かの折にニッポン放送アナウンス室長の増山さやかさんに「来世は福山雅治がいいかなあ」と口走ったら、「そりゃ、かなり徳を積まなくちゃいけませんね」と言われてしまいました。**

別に私は「来世」なんか信じちゃいませんが、こんな言葉が出ること自体、私が仏教圏にルーツのある人間ってことでしょうね。

「現世で徳を積むと来世でいいことがある」と口にする増山さんも、同じ仏教世界の住民だと分かります。

そういえば、オウム真理教でサリンを作ったり撒いたりした幹部の多くが東大を始めとする難関大学の理系出身でした。私はたとえそれがオウム真理教でも統一教会でも、他人を巻き込まずに自分だけで信じているなら、それは間違いなく「信教の自由」で、誰に非難されることはないと考えます。もちろん、サリンを撒いて関係ない人を殺す行為が現世で犯罪として裁かれるのは当然ですけどね。

サリン事件にかかわって死刑執行された中には、最後まで麻原が説いた「真理」を信じていた人がいたようです。この人は、他者からすれば迷惑千万な存在ですが、本人は「処刑されても来世で幸せに生きられる」と思いながら処刑台に登ったわけで、相当幸せな気分だったかもしれません。こういう人には拷問も処刑も効果ありません。

ただイスラム国がしたように、イスラム教を信じている人を焼き殺すのは、来世に救いを求める人の気持ちを萎えさせるという点で救いのない刑罰と言えます。だって、イスラム教徒にとって焼死して肉体を失ってしまうのは、来世で復活できなくなることと同義ですからね。死ぬ前に仏教徒に改宗すれば幸せに死ねたかもしれませんが、そういうわけにはいかないでしょう。

ちなみにキリスト教社会では自殺が少ないです。なぜならキリスト教においては、どんなに生前善行に励んでも、自分で自分の命を絶った瞬間に地獄行きが確定してしまいますから。生命というのは神が人に与えたものだから、人がそれを絶つことは神の意思に反すると考えられているのです。

トランプ支持の堅固なキリスト教信者が妊娠中絶に絶対反対なのは同じ理由です。たとえ性的暴行で妊娠した場合でも、それは「神の子」ですから、人が勝手に中絶してはいけないと彼らは考えるのです。実は、日本で一部のメディアがもてはやした、

「匿名出産できる産院」はキリスト教系の病院です。病院関係者は、「生まれる子どもはすべて神の子だから、父母が誰かなんか関係ない」と考えるのです。

しかし、神を信じられない子どもは、父母は誰？　と生涯アイデンティティ探しに苦しみます。そんなことも気付かず、「匿名出産できる産院」を褒めたたえるメディアは歪んでいると思います。

科学技術への信仰

この本の中で、日本を代表する学者、評論家である宮沢孝幸元・京大准教授（や宮崎哲弥さん）が熱心な仏教徒で輪廻や解脱を信じて生きている話をしましたが、**私、最近、現代を代表する世界的実業家のイーロン・マスクの伝記を読んでいて、彼は全く逆方向に振り切れている人物だと知りました。**

イーロン・マスクって子どものころから熱心なキリスト教徒である母親などに連れられて教会に通っていた時期があるそうですが、例えば説教で旧約聖書の「出エジプト」の章でモーゼが海を割るシーンを聞かされると、「そんなこと、物理的にあり得ない」なんてことを口にして周囲を困惑させ、ついには彼だけ日曜日に教会に行かない特権を家族内で手に入れたそうです。

イーロン・マスクの伝記を読んでいてつくづく、「ホリエモンと同じタイプだな」と思います。**ホリエモン本人に言わせると、「俺はヤツほど狂ってない」ってことになるんでしょうが、性格や発想は極めて似ていると感じます。**

イーロン・マスクの伝記を読み、ホリエモンと直に話をすると、共に科学技術に対して信仰に近いほどの夢と信頼を持っているのを感じます。イーロン・マスクは世界的なお金持ちになりました。ホリエモンもたぶんそれなりの資産は有しているでしょうが、「何兆円」レベルの金持ちで無いことは確かです。

でも、イーロン・マスクだって、今から25年前、1990年代の終わりごろには、仕事場の近所のＹＭＣＡでシャワーを浴びるほど貧しい生活をしていたようで、その後開発したソフトが売れて突然億単位の金持ちになりますが、似たようなタイミングでホリエモンもライブドアが当たって、同時期同程度の金持ちだったことがあります。その後イーロン・マスクはアメリカ社会で潰されずに大きくなっていきましたが、ホリエモンは、日本流の既得権益の壁にぶち当たって文字通り「潰されて」しまいます。

私が彼に「プロ野球に参入しようとしてナベツネに潰されたあたりが転換点だったんじゃないの？」と聞いたところ、「いや違います。決定的だったのはニッポン放送の買収問題でフジテレビを怒らせたことです。あれで潰されました」と語っています。確かにそうかもしれません。

私は大学卒業の際にフジテレビと若干の縁がありました。

フジサンケイグループというのは、元々日本のメディア界に「共産主義からの防波堤を作る」という趣旨で設立されたメディアグループです。ホリエモンの乗っ取り騒動の前までは、グループ全体をニッポン放送という、老舗ながら小さなラジオ局が保有するいびつな形態が維持されていました。

このニッポン放送の株を取得してフジサンケイグループ全体を手中に収めようとしたのがホリエモンの騒動です。フジテレビを買収しようとするととんでもない資本力が必要ですが、ニッポン放送の株式時価総額は小さく、金持ちファンドの力を借りてニッポン放送の株を過半数買って乗っ取ってしまえば、フジテレビなどの支配権も手に入るとホリエモンは考えたわけです。

最終的になぜこの話が潰れたのか、具体的な経緯は忘れましたが、理論的には可能だった戦略が、どこかのタイミングで潰されて、結局ホリエモンはそれからしばらくして塀の中に落ちることになります。この刑事事件については、当時毎週私が担当していた「ウェークアップ」でも詳しく伝えましたが、私は今でも「検察が作り出した犯罪」と認識しています。

人生なんて分からない

ホリエモンがやった株式分割などの錬金術は厳密に言えば違法かもしれませんが、投資家が損を被ったのは検察の捜査がきっかけで、主人公がホリエモンで無かったら実刑食らって塀の中に落ちるようなことは無かったと確信しています。あの事件が無かったら、アップル誕生初期に株を持っていた人が現在億万長者になっていたのと同様、初期のライブドア株を持っていた人は億万長者になっていたでしょう。

「検察の介入が無かったら」の話です。国家権力はいろんな意味で、敵に回すと恐ろしいのです。**まさにホリエモンとライブドアの株主は、「反共の砦」として作られたフジサンケイグループを手中に収めようとして、国家権力を敵に回してしまったわけですね。**

ちなみに、私が読売テレビに入社する際に、フジサンケイグループの総帥だったのは、元郵政事務次官でした。郵政省は現在総務省に統合されましたが、放送局に免許を付与する監督官庁で、事務次官はその役所の実質的な最高権力者です。かつてフジテレビの社長ポストは、監督官庁最高権力者の定年後の受け皿だったのです。

当時のグループオーナーは郵政官僚とは別の鹿内という一族で、その後このグループを率いてホリエモンと対峙したのは社員出身の日枝久という人ですが、いずれにせよ彼らの背景には国家の影がチラつきます。

先述したように私はフジテレビを受験して、最終面接で落とされたことで読売テレビに行くことになるわけですが、このときの元郵政事務次官の社長は、私の級友の叔父でした。

後にこの級友から、「ああ、最終面接の辛坊君はオマエ（甥）の友達か。聞いてれば入れてやったのに」と社長が言っていたと聞かされました。当時のフジテレビは勢いがありましたから、当時は「そのほうが良かったかなあ」と感じましたが、私と共に最終面接まで残ってフジテレビに入社した男はその後消えてしまいましたから、今では「入らなくてよかった」と思っています。

人生なんて、分かりません。

当時のフジテレビ社長の甥だった級友のその後ですが、叔父だけじゃなく、父親も高級官僚だったこともあり、大学卒業後はコネで大手広告代理店に就職しました。電通じゃなくて博報堂です。電通や博報堂などの日本におけるポジションが分かりますよね。ただ、高級官僚だった彼の実家は23区内に豪邸を構えていたのですが、親が社長として天下った民間企業で計画倒産事件に巻き込まれて多額の債務を負い、豪邸を含めて全財産を失ってしまいました。

どうやら高級官僚を社長に迎えた会社が反社会的な組織で、新社長の個人財産を担保に金を集めて逃げてしまったようです。級友はその後、売却されてしまった実家の豪邸を出て、埼玉県内にファミリー向けの小さなマンションを買い、そこで幸せに暮らしています。

人生なんて、ホント分からないもんですね。

楽しんで生きよ

そういえば2024年秋、兵庫県知事が勤務時間でもないのに職員にメールを送り付けると問題になっていましたが、橋下徹が大阪府知事時代、午前2時でも3時でも構わずに全職員にメールを送り付けるのは有名な話でした。

ある意味やる気のあるトップはそういうことを平気でしますが、厳密に言えば「勤務時間でもないのに上司にメールを送り付けられる義理は無い」という話になります。でもねえ、それを主張する兵庫県の職員って腐ってますよ、ホントに。

兵庫県って酷くて、前知事時代、瀬戸内海に垂れ流す県内の排水処理の最終段階を省いていました。これは「瀬戸内海の魚が減ったのは、排水を浄化し過ぎたからだ」という漁民の訴えによるものですが、瀬戸内海や大阪湾の魚が劇的に減っているのは、明らかに漁民が取り過ぎているからで、海水がきれいになり過ぎたからではありません。

こんな無茶苦茶な主張をする人々でも「有力な選挙民」に違いありませんから、わざと排水の最終段階の浄化を省いて下水を海に垂れ流すようなことをしてきたのです。兵庫県の前の政権は5期20年存続しましたが、その中で兵庫県という組織は下水並みに腐ってしまったのだと思います。

知事が夜中に指示メールを打つのが問題なら、橋下徹なんか死刑にしなくちゃいけません。

イーロン・マスクはもっと酷くて、夜中でもクリスマスでも平気でメールを送り付けるどころか、どんどん部下を呼び付けます。**従わない部下は「やる気がない」と即断されてその場でクビになります。**

アメリカは日本に比べて簡単に従業員のクビが切れます。自民党の総裁選で小泉進次郎あたりが、「この制度を日本に導入すべきだ」的なニュアンスを出馬会見で語っていましたね。どの程度実現するかは疑問ですが、アメリカ並みになったら、日本の会社員の働き方は今とは全く別物になるでしょう。昔は、日本人の「働き過ぎ」が有名でしたが、今では平均的アメリカ人の方が確実に長く働いています。

イーロン・マスクは夜中でも休みの日でも平気で抜き打ちで自社のオフィスや工場を訪れ、人が働いていないのを見ると即管理職をクビにしてしまいます。イーロン・

マスクは日本では電気自動車テスラのオーナーとして知られていますが、実はそれより前に、ロケット製造会社を作っています。民間企業であるマスクの会社のロケットは3回連続して打ち上げに失敗し、「次に失敗したら資金が尽きる」という瀬戸際の4回目で打ち上げに成功します。これが2008年のことです。

それからわずか10年ほどで人を乗せて宇宙に行けるロケットを開発し、今では、アメリカは国際宇宙ステーションへの物資と人の運搬に、主に、マスクの会社のロケットを使っています。2024年には火星に人類を送り込むための、世界最大の繰り返し使用可能なロケットと最大百人乗りの宇宙船の打ち上げに成功しました。

このロケット、高さは茨城県の牛久大仏とほぼ同じ120メートルで、上半分が巨大な宇宙船、下半分が繰り返し使用可能な巨大ロケットになっています。この打ち上げも3回連続で失敗しましたが、4回目に成功しています。

牛久大仏がマッハ30のスピードで宇宙空間に飛んでいって地球の周りを一周し、そのまま戻ってきて同じ場所に立つさまを想像するとマスクの会社の技術力が分かります。

国際宇宙ステーションへの往復に使っているロケットも、切り離された後、自力で地上に戻ってきて、逆噴射して地上にまっすぐ降り立ちます。世界で初めて確立した技術で、マスクはこのロケットを使って通信衛星を千個単位で打ち上げて、世界的な衛星経由の通信網を作ることに成功したのですが、最初のロケット打ち上げ成功が2008年だったことを思うと、この間の進化の速さに驚きます。

ちなみに彼は最初のロケットにはロシアの廃棄ミサイルを使おうと考えていて、実際にロシアに買いに行っています。ところが成約しそうになると値段が上がるのに腹を立てて「だったら自分で作る」という話になったらしいです。

こんなに短時間に、一民間企業が宇宙に人を運ぶ再利用可能なロケットを作ることができたのは、「夜中でもクリスマスでも構わず部下を呼び出して、従わなければ即クビにする」彼の性格と、それが可能なアメリカのシステムがあったからです。

南の島でのんびりと

これが国民にとって幸せかは議論の分かれるところです。しかし、この制度のおかげで、アメリカの産業が活性化して平均賃金が上がり、多くのアメリカ人が豊かさを享受しているのは確かな事実です。

一方、日本人ががむしゃらに働いていた時代の定番ギャグにこういうものがあります。

ある日本人が南の島で休暇を楽しんでいた際に現地の人に聞かれました。

「なぜ日本人は、そんなに一生懸命働くのか？」

これに日本人はこう答えました。

「こうして南の島でのんびり過ごす金を貯めるためさ」

現地の人は不思議そうに言いました。

「俺たち別に一生懸命働いてないけど、島でのんびり暮らしているぜ」

このネタは、働き過ぎの日本人を揶揄した定番ギャグですが、**今はアメリカ人に日本人が同じことを言う時代になったのかもしれません**。

日本人は、「かつて憧れた南の島の生活」を手に入れたのだと言えます。ただし、先進世界にあって、貧しい南の島にはないものもたくさんあるのは事実です。例えば、世界最高の医薬品を作る会社の中には、日本での利益の少なさにあきれて、日本で売るのはやめようという動きがあります。「南の島」の住民には、先進国の住民が享受できている最新の薬などが届かないのです。

日本は「南の島の幸せな住民でいいのか？」これが今我々に突き付けられている選択なのだと思います。

「上司が夜中に仕事のメールを送り付けるのはパワハラだ！」とされる日本に、アメリカ型の未来が期待できないのは当然と言えるでしょう。

まあ、そもそも未来なんか考えなくていい私は、「南の島の住民」でありたいと思いますけどね。

長々と語ってきましたが、私が言いたいことはシンプルです。

それは、「人生の今を楽しめ」ということなのです。

昔から「将来に備えて、今は節制して生きよ」的なことがよく言われます。しかし、今すぐに死ぬのでない限り常に「将来」はあるわけで、「将来」に備えるためには、人生すべてで「節制」しなくてはいけなくなります。

また、「必ず死ぬ」という人間の本質から考えると、「将来に備えて今は節制」を実現していると、必ず「節制中に死ぬ」ということになります。「節制」自体が人生の目的であり、「節制」を人生の喜びと感じられる人、あるいは現世をあきらめて来世を信じられる人でない限り、そんな人生は楽しくありません。**私は人生の「今」を楽しむことが、よりよく人生を生きるコツだと信じています。**

この「人生の今を楽しめ」という私の思いは、決して、「将来のことを考えるな」という意味ではありません。「将来弁護士になって、弱い人を助けたい」と思う人が、今の時間すべてを司法試験の勉強に回すことは間違っていません。司法試験に最終的に合格しなかったり、勉強途中に交通事故で死んでしまったりすることがあるかもしれませんが、その人にとって「将来の夢を実現するために勉強する」こと自体が「今」を楽しむことなのです。その人はもしかすると「異性と遊びたい」とか、「毎日酒を飲んで寝て暮らしたい」とか考えているかもしれません。

しかし、「将来の夢のために勉強する」という時間の使い方が、その人にとって最大の「人生の今を楽しむ方法」なら、それでいいのです。

大いに蛇足の話ですが、私の人生を振り返ってみて、一番「勉強」に時間を使ったのは中学3年生のときだったように思います。大学は一浪で早稲田に入りましたが、同級生などから、「辛坊が一浪して早稲田に行くとは思わなかった。早稲田なら現役で楽々入っていただろうに」とよく言われました。周囲がこんな状況ですから、本人としても確かに不本意だったのですが、中学3年のときの勉強の「残り物」でその後の人生をしのいできたわけで、結果はやむを得ない話です。

しかし肩書社会の日本で、その「早稲田卒」という名前が人生で大きく役立ちました。この肩書がなければ、その後の人生はもっと辛いものになっていたかもしれません。中学3年時の「勉強」のコストパフォーマンスが極めて高かったことが分かります。多くの親は子どもに必死に勉強させようとしますが、それは10代の勉強のコスパとタイパが、人生で極めて高いことを、親が経験的に知っているからです。同じ努力をするなら、人生の早い段階のほうが効率がいいのは間違いありません。

なんだかとても俗な話になってしまいましたが、特別な宗教を信じていないどころか、いくつもの宗教の聖典を読んで神々の低俗さと非道さに呆れかえり、「こいつらは糞だ！」と考えている私は、死んだらどうなるかについて確信を持っています。

それはバラバラの元素に返って宇宙の構成要素になり、やがて次の命の素になるという事実です。今の私を作っているのは、宇宙に生命が誕生して以来、それらの生命体を形作ってきた元素です。その生命体に常に意識が宿るとは思いませんが、意識も含めて宇宙の構成要素なのです。

広大で悠久の宇宙の中で意識をもって誕生した生命体である私たちに大切なことはただ一つです。**それは、「楽しんで生きよ」という言葉に尽きます。**

皆さん、人生を楽しんでますか？

皆さんが今、将来のために何かをしているのなら、それは人生を楽しんでいるということです。しかし、将来のためでなく、今のために生きているのに人生を楽しんでいない人は、今すぐそこから逃げ出しましょう。

あなたが「楽しい」と感じられる時間と場所こそ、あなたにとっての神のいる空間なのです。

２０２５年　２月

辛坊　治郎

〈著者略歴〉
辛坊治郎（しんぼう　じろう）
1956年大阪府出身。早稲田大学法学部卒業後、読売テレビ放送に入社。プロデューサー・報道局解説委員長等を歴任し、現在は大阪綜合研究所代表。「そこまで言って委員会ＮＰ」「ウェークアップ！ぷらす」「朝生ワイドす・またん！」「辛坊治郎ズームそこまで言うか！」などのテレビ・ラジオ番組で活躍。近著に『この国は歪んだニュースに溢れている』『政治とカネの間に潜むもの』（以上、ＰＨＰエディターズ・グループ）、『風のことは風に問え―太平洋往復横断記』（扶桑社）などがある。

オールドメディアへの遺言

2025年４月２日　第１版第１刷発行

著　者　辛　坊　治　郎
発行者　大　谷　泰　志
発行所　株式会社ＰＨＰエディターズ・グループ
〒135-0061　江東区豊洲5-6-52
☎03-6204-2931
https://www.peg.co.jp/
発売元　株式会社ＰＨＰ研究所
東京本部　〒135-8137　江東区豊洲5-6-52
普及部　☎03-3520-9630
京都本部　〒601-8411　京都市南区西九条北ノ内町11
PHP INTERFACE　https://www.php.co.jp/
印刷所
製本所　TOPPANクロレ株式会社

ISBN978-4-569-85905-7